KB104556

마음을 들여다 보면

나다 이나다 지음
김석중 옮김

십대를 위한
불완전 심리 입문

서커스

Kokorono Sokowo Nozoitara

by Nada Inada
Copyright © by Renée Horiuchi

Original Japanese paperback edition(1992) published by Chikuma Shobo Publishing Co., Ltd.
Korean translation rights arranged with Chikuma Shobo Publishing Co., Ltd.
through The English Agency(Japan) Ltd. and Danny Hong Agency.
Korean translation copyright © 2017 by Circus

차례

마음을
들여다
보면

들어가며

여러분한테는 마음이 있다. 나한테도 마음이 있다. 그 사실을 여러분은 단 한 번도 의심하지 않았을 것이다. 우리는 자신의 마음의 움직임을 느끼면서 살고 있다. 기뻐하고, 슬퍼하고, 화내고, 사랑하고, 미워하는 자신의 마음의 움직임 없이 여러분은 과연 살 수 있을까. 여러분이 자신의 마음의 움직임을 느끼지 못할 때는 잠을 자고 있을 때 정도일 것이다.

마음은 그 정도로 우리 가까이에 있는 것이다. 아니, 가까이에 있는 정도가 아니라 우리들 바로 자신이다. 그런데 우리는 그 마음에 관해 얼마나 알고 있을까. 알고 있다고 생각하지만 거의 알지 못하는 것, 그것이 바로 우리 자신인 마음이다.

인간은 자신 이외의 것들에 대해서는 실로 다양한 사실들을 알게 되었다. 그리고 그 지식을 이용해서 짧은 기간 동안 놀랄 만한 것들을 만들어냈다. 인간은 인류를 눈 깜짝할 사이에 멸망시킬 수 있는 수소폭탄이나 한 컵 분량만 있으면 대도시의 시민들 전부를 순식간에 정신병에 걸리게 만들 수 있는 약을 만들어 버렸다 게다가, 자신 이외의 것들에 대해서는 지구 바깥의 일까지 알려 하고 있다. 천문학자들은 수십억 년 전에 어떻게 태양이 생겼는지, 달과 지구가 어떻게 만들어졌는지까지 정확히 파악해 나가고 있다. 인간은 자신의 힘으로 달에 갈 수도 있게 되었다. 달의 돌을 가지고 와서 그것의 정체가 무엇인지까지 이미 파악했을 정도다.

이렇게 지구나 우주에 관해서도 알고 있는 영리한 인간이 어째서 지상에서는 아직 전쟁을 하고 살상을 벌이고 있을까. 그런 바보 같은 행동을 어째서 그만두지 못하는 걸까. 생각해 보면 수수께끼 같을 정도이다.

하지만 인간이 자기 자신의 마음을 충분히 알고 있지 못하다는 것을 생각하면, 그런 일이 벌어지는 것이 조금도 이상하지 않다는 것을 알 수 있다. 예를 들어 인간의 마음에는, 여러분이나 나의 마음도 그러하지만, 무언가에 부딪치고, 그것을 부수고 싶다, 파괴하고 싶다는 본능이 있다. 자신의 마음속에 그런 안 좋은 면이 있다는 사실은 생각하고 싶지 않아 한다. 하지만 유감스럽게도 세상에서 가장 점잖고 평화를 바라는 인간의 마음속에도, 들여다보면 난폭하고 싸움을 좋아하는 전쟁을 좋아하는 별난 인간과 마찬가지로, 이 파괴하고 싶다는 욕망은 분명하게 있다. 인정하고 싶지 않겠지만 사실이다. 그것이 평화롭게 살아간다면 서로가 좀 더 행복해질 수 있는 인간을 서로 물어뜯고 증오하게 만든다. 게다가 그런 본능이 있다는 사실을 모르고 있다. 여러분도 그 본능을 알고 그 힘을 다른 것으로 향하게 하는 것이 가능하다면 얼마나 좋을까 하고 생각할 것이다.

인간은 자신의 마음속에서 자신을 증오로 몰아가는 것이 무엇인지를 오랫동안 모른 채로 지냈고 더 안 좋은 것은 그것을 알려고도 하지 않았다. 누군가가 엄청나게 나쁜 짓을 저지르면 그 사람은 나나 여러분과는 다른 종류의 엄청나게 나쁜 악당이고 그렇기 때문에 그런 짓을 저지른 것이라고 생각해 왔다. 그리고 자신은 그런 인간과는 다르게 나쁜 짓을 저지를 만한 싹을 조금도 갖고 있지 않다고 믿으면서 자신을 안심시키려 했다. 그러나 나쁜 사람도 착한 사람도 다 같은 인간이고 비슷한 마음을 갖고 있다. 다만 그 나쁜 행동의 싹을 억제하는 마음속의 장치가 강한가 약한가가 문제일 뿐이다. 그리고 우리들이 자신의 마음을 잘 알 수 있다면 지금까지보다도 인간이 자신도 모르는 사이에 저지를지도 모를 악을 막는 것도 가능할 것이다.

그래서 나는 이제부터 여러분들과 그 마음에 관해서 함께 생각해 보고자 이 책을 쓰게 되었다. 나는 이 책에 〈마음을 들여다보면〉이라는 제목을 달려고 한다.

어떤가. 여러분도 나와 함께 이제부터 자신의 마음을 한번 들여다보지 않겠는가.

01 | 마음은 얼마나 깊은가

깊고 어두운 마음

그럼 이제부터 여러분들의 마음을 들여다보게 될 텐데 그렇게 하려고 할 때 왠지 나는 투명한 물이 넘실대는 바닷속을 들여다보는 자신의 모습이 떠오른다. 넓고 깊은 바다 위에는 한 척의 배가 있고 나는 그 배 위에서 지긋이 바닷속을 들여다보고 있다.

여러분은 어디까지고 투명한 물이 펼쳐져 있는 남국의 바다를 본 적이 있는가. 마치 수정보다도 더 투명한 듯한 맑은 물을 말이다. 해안과 가까운 바다의 바닥은 무엇이든 손에 잡힐 듯이 보인다. 바닷속 바닥의 모래알에서 헤엄치고 있는 물고기부터 말미잘, 해초가 전부 보인다. 내리 쬐는 햇볕이 바다 밑바닥에서 아로롱다로롱 움직이고 있다. 그리고 이렇게도 투명한 물이 어디까지고 계속 이어져 있다면 아무리 깊은 바닷속이라도 다 볼 수 있을 게 틀림없다는 기분이 든다.

그런데 그렇게 속이 다 비치는 물을 담고 있는 바다이지만 배를 타고 조금씩 먼바다로 나가면서 가만히 바다의 바닥을 들여다보라. 해안에서 멀어지고 바다가 조금 깊어지면 놀랍게도 바다의 바닥은 보이지 않게 된다.

거기에서 만약 잠수복을 입고 바다 밑바닥까지 내려가려고 한다면 어떻게 될까. 여러분이 물속으로 들어간다. 십 미터, 이십 미터 물 밑으로 내려간다. 바다의 표면에서 멀어지면 그렇게 눈부시게 해면을 비추던 태양빛이 금세 약해지고, 한 치 앞도 보이지 않는 암흑의 세계가 시작된다. 수정처럼 투명한 물이 그렇게 눈부시게 빛나던 빛을 가로막을 수 있을까, 어떻게 이렇게 어두운 암흑의 세계가 만들어질 수 있을까. 여러분에게는 믿기 힘들 정도로 희한한 일로 생각될 것이다.

하지만 해면에서 이백 미터만 내려가면 거기에 있는 것은 완벽한 암흑이다. 그리고 전 세계 바다의 대부분은 이백 미터보다 깊다. 결국 전 세계의 바다 밑바닥은 대부분 한 치 앞도 보이지 않는 암흑 속에 잠겨 있는 셈이다.

우리가 이제부터 그 바닥을 들여다보려고 하는 인간의 마음은 바로 이 바다와 같다. 마음은 바다와 마찬가지로 끝없이 넓고 바닥을 알 수 없을 만큼 깊다. 마음은 투명한 바닷물보다도 더욱 투명하게 느껴지는 마음의 움직임 하나하나가 모여서 만들어진다. 예를 들어 여러분은 시험에서 낙제했다. 그러면 여러분은 낙담한다. 시험에 낙제한 것과 낙담하는 것 사이를 여러분은 확실하게 바라볼 수 있다. 여러분은 어제 무슨 일이 있었는지 떠올릴 수 있다. 여러분의 어제의 마음과 지금의 마음 사이를 바라보는 것을 막는 것은 하나도 없다. 이러한 마음의 투명한 부분을 의식되고 있는 부분이라고 한다.

　그런데 그렇게 투명하게 의식되고 있는 마음의 움직임을 통해 좀 더 깊은 바닥을 살피려 하면 우리는 생각지도 않게 금세 빛이 닿지 않는, 아무것도 볼 수 없는 심해와 같은 암흑의 세계와 마주하게 된다. 그것을 여러분은 가령 이럴 때 느낄 것이다. 어떤 사람이 왠지 마음에 들지 않는 경우이다. 상대는 친절하고 특별히 여러분에게 못되게 구는 것도 아니다. 차분히 생각해보면 상대의 어디에도 미워하지 않으면 안 되는 구석은 없다. 그런데도 그 상대가 앞에 있으면 아무래도 비뚤어진 태도로 대해 버린다. 어째서 그렇게 행동하는지 자신도 잘 알 수가 없다.

이러한 암흑의 부분을 무의식의 부분이라고 한다. 무의식의 부분은 마음 저 밑바닥에 넓게 펼쳐져 있다.

마음은 왜 알아야 할까

마음의 밑바닥에는 무의식이라는 암흑의 세계가 있다. 그렇다면 대체 무엇을 위해 그 마음의 알려지지 않은 구조를 알아야 하는 걸까.

이제 다시 한 번 바다에 대해서 생각해 보자. 바다는 지구 바깥의 별들보다 훨씬 우리들 생활과 가까운 것이다. 그런데도 바다 저 밑이 어떤 모습인지 인간은 그다지 잘 모르고 지내왔다. 그것과 마찬가지로 마음도 우리한테는 너무도 친근한 것이지만 그 바닥의 모습을 전혀 알지 못한 채로 살아왔다.

하지만 전부 알지는 못해도 인간은 바다를 잘 활용하면서 지내왔다. 배를 띄워 화물이나 사람을 나르고 바다에서 물고기를 잡아먹으면서 인간은 수천 년, 아니 수만 년이나 살아왔다. 아마도 최초로 배를 만든 사람은 어떻게 해서 배가 물 위에 뜨는지 그 원리를 몰랐을 것이다. 하지만 배가 물에 뜬다는 것과 물에 뜬 배를 사용하는 법만은 알았다. 물고기를 잡은 사람은 그 물고기가 어디에서 알을 낳고 어떻게 성장하는지는 몰랐지만 어디에 낚싯줄을 내리면 물고기가 잘 잡히는지는 알고 있었다.

마음의 경우도 같은 말을 할 수 있을 것이다. 인간은 마음의 밑바닥이 어떻게 되어 있는지 마음이 어떠한 구조로 작동되고 있는지 몰랐지만 그럼에도 마음을 적당히 작동시키면서 착실하게 살아왔다.

확실히 사물의 구조를 모르더라도 그것을 움직이고 움직이도록 만들면서 충분히 그것을 이용하는 것은 가능하다. 자동차가 어떤 원리로 움직이는지 모른다 해서 운전하는 법을 익히지 못하는 것은 아니다. 그것은 확실한 사실이다. 하지만 여러분이 만약 자동차의 구조를 안다면 무리하지 않고 안전하게 운전을 할 수 있을 것이다. 차가 고장이 나더라도 허둥대지 않아도 된다. 만약 차에 대해서 아무것도 모른다면 사소한 고장이 나더라도 어떻게 대처해야 할지 모를 것이다.

마음도 역시 그러하다. 마음의 구조를 알고 거기에다가 그 심오한 밑바닥까지 안다면 마음에 여러 가지 문제가 발생했을 때 어찌할 바를 모르는 일은 없을 것이다.

또한 인간은 자신이 알지 못하는 마음의 움직임에 의해 어떤 행동을 할지도 모른다. 가령 상냥하고 깊은 이해심을 가진 사람이 자신도 알지 못하는 사이에 다른 사람에게 상처를 줘 괴롭히는 일도 없지 않다. 마음을 알게 되면 여러분은 그런 일이 일어나는 걸 피할 수도 있다.

색깔도 형태도 없는 마음

그런데 그것이 필요하다는 것을 깨닫는다 해도 어떻게 해야 마음을 알 수 있을까. 그것이 문제이다. 왜냐하면 마음은 색깔도 형태도 없기 때문이다.

나는 이 책의 도입부에서 인간의 마음을 바다에 비유해서 이야기를 했다. 그것을 여러분은 벌써 잊어버리지는 않았을 것이다. 그때 여러분은 조금도 이상하다고 생각하지 않았는가. 혹시 여러분 중에는 내가 마음을 이야기하면서, 왜 바다에 관해 이야기를 하는 거지, 하고 의아하게 생각한 사람이 있었을지도 모른다. 하지만 대부분은 아무렇지 않게, 음 그렇군, 하고 전혀 이상하게 여기지 않았을 것이다.

마음에 대해 이야기를 하는 거라면 굳이 바다 같은 것에 비유하지 않아도 되는 게 아닐까. 직접적으로 마음의 이야기를 하면 된다. 그렇지 않을까. 하지만 여러분도 마음의 이야기를 아무런 비유도 사용하지 않고 해보려고 시도해 보라. 그것이 가능하다면 그 방법이 낫다는 것은 두말할 필요도 없다. 하지만 그것이 가능할까. 가능하지 않다.

마음에는 색깔도 없고 형태도 없다. 크기도 무게도 없다. 마음은 눈으로 보는 것도 크기를 재는 것도, 손으로 만지는 것도 불가능하다. 마음이란 그런 것이다. 그렇기 때문에 나는 마음의 구조에 관해 이야기하려 할 때, 여러분이 이해하기 쉽게 설명하기 위해 눈에 보이는 바다 같은 것을 비유로 사용하지 않을 수 없었다. 비유를 사용하지 않고 마음에 관해 이야기하려고 해보면 그것이 얼마나 어려운 일인지 여러분도 금방 알게 될 것이다.

예를 들어 "저 사람은 속이 좁아"라든가, "저 사람은 넓은 마음을 갖고 있어" 같은 말을 우리는 평소에 곧잘 쓴다. 확실히 그런 말을 들으면 우리는 그 사람이 어떤 사람인지 대충은 짐작할 수 있을 것이다. 하지만 마음 그 자체는 '넓음'도 '좁음'도 갖고 있지 않다. 그것은 비유에 지나지 않는다. '마음의 밑바닥'이란 말도 비유이다. 마음에 바다 같은 것은 있지 않다. 하지만 '밑바닥'이란 비유로 우리가 이해하는 뭔가가 마음에는 있다. 내가 바다 이야기를 꺼낸 것은 그것 때문이고 여러분이 그것을 별로 이상하게 생각하지 않은 것은 여러분도 비슷한 비유를 사용하지 않을 수 없고 그것을 당연하게 여기기 때문일 것이다.

하지만 그것이 비유라는 사실을 잊어서는 안 된다. 예를 들자면 이런 일이 있다. 나는 알코올중독이라는, 술을 좋아해 좀처럼 끊지 못하는 사람들을 치료하고 있다. 알코올중독자들도 술을 지나치게 마시면 몸에도 좋지 않고 다른 사람에게 폐를 끼치고 가족을 힘들게 만든다는 것을 알고 있다. 알고는 있지만 그만두지 못하는 것이다. 사람들은 이런 사람들을 두고 "의지가 약하군" 하고 말한다. 마치 의지라는 것이 사람에 따라 쇠처럼 단단하거나 두부처럼 무르거나 한 것 같다. 그러나 이런 말도 비유이다. 의지가 강하고 약한 것을 재는 척도는 없다. 의지가 강하고 약한 것을 조사하는 기계가 있는 것도 아니다. 사람이 하는 행동이나 태도를 보면 그저 그런 느낌이 드는 것이다. 따라서 술을 끊지 못하는 사람을 보면 "저 사람은 의지가 약하다"고 말한다. 그리고 그 사람이 어느 날부터 술을 딱 끊으면 "저 사람은 그렇게 좋아하던 술도 끊은 상당히 의지가 강한 사람이다"라고 한다. 의지가 정말로 강하거나 약한 것이라면 수십 년이나 약했던 의지가 하루 사이에 마술처럼 강해질 리가 없다. 나무가 쇠로 변하는 것 같은 마술 같은 일은 일어나지 않는다. 강하고, 약한 것은 비유로 그 사람한테서 받는 느낌을 설명하는 말일 뿐이다.

　마음에는 색깔도 형태도 크기도 무게도 열도 없다. 그것이 마음의 특징이기도 하다. 그러니까 마음은 여러분이나 내 주변에 있는 것, 가령 테이블이나 볼펜이나 컵 같은 것과 달리 물건이 아니다. 그것은 눈으로 볼 수도, 손으로 만질 수도, 길이와 크기와 무게를 잴 수도 없다. 그렇게 할 수 있는 사물을 물질이라고 하는데 마음은 물질이 아니다.

　그렇다면, 마음이 물질이 아니라면 대체 무엇일까.

　여기까지 생각해 온 우리는 이제 엄청나게 어려운 문제에 부딪히게 되었다. 그러나 유감스럽게도 여기에서 내가 이 문제에 바로 답을 제시할 수는 없다. 아니 솔직하게 말하자면 제시하고 싶어도 못한다. 오랜 옛날부터 셀 수 없이 많은 사람들, 철학자라고 하는 사람들이 이 문제에 답하려고 해왔지만 아직 거기에 대해 결론에 도달한 사람은 없다.

　마음은 물질이 아니라는 것, 뇌라는 물질을 지닌 일종의 작동이라고 생각해도 좋고, 마음은 마음이다라고 생각해도 될 것이다. 그리고 여러분도 이제부터 누구나 수긍할 수 있는 좀 더 나은 답을 찾아보기 바란다.

옛날 사람들은 마음을 무언가 눈에 보이지 않고 손으로 만질 수도 없지만 그럼에도 사물의 일종이라고 생각했던 것 같다. 그리고 마음은 심장 속에 깃들어 있다고 생각했다. 지금은 마음이 뇌와 관계가 있다는 것이 밝혀졌다. 하지만 뇌와 마음은 같은 것이 아니다. 그러므로 뇌를 연구한다 해도 마음을 연구하는 게 되지는 않는다.

마음은 마음에 의해

왠지 무척이나 어려운 이야기가 되어 버린 것 같다. 하지만 기운을 내자. 그리고 마음을 어떻게 살펴볼지부터 생각해 보자.

마음이 눈에도 보이지 않고 손으로 만질 수도 없다면 어떻게 살펴봐야 하지, 아무것도 할 수 없는 거 아냐. 여러분은 그렇게 생각할지도 모른다.

하지만 그렇게 고민할 필요는 없다. 여러분도 자신의 마음의 움직임을 전혀 모를 리는 없을 것이다. 그렇다면 자신이 어떻게 해왔는지 생각해보면 된다.

여러분에게는 마음이 있다. 그것을 여러분 자신은 느끼고 있다. 어떻게 된 일인가. 그렇다. 자신의 마음에 의해 자신의 마음을 느끼고 있는 것이다. 예를 들어 여러분은 화를 낸다. 화를 낸다는 것은 마음의 움직임의 하나이지만 화를 내는 것과 동시에 여러분은 자신이 화가 났다는 것을 느낀다. 눈으로 확인하는 것도 귀로 확인하는 것도 아니다. 화가 나는 것과 동시에 화났다는 것을 느끼는 게 마음의 작동이다. 그것을 의식한다고 말한다. 이 의식한다는 것이 사물에는 없다. 그것은 마음의 특징이다. 그 의식 덕분에 인간은 자신의 마음을 스스로 알 수 있는 것이다.

이 대목에서 여러분은 나한테 이렇게 말할지도 모르겠다.

"그건 그렇지만 나는 다른 사람이 화가 났는지 아닌지도 알 수 있어요."

확실히 그 말이 맞다. 여러분은 집에서나 학교에서 다른 사람이 화가 났거나 슬퍼하는 것을 느낄 수 있다. 그렇게 느끼면서 생활을 해왔다.

여러분은 회사에서 돌아온 아버지의 얼굴을 보고 '엇, 오늘은 아버지의 기분이 안 좋은데. 회사에서 기분 나쁜 일이 있었던 걸까. 아니면 사흘 전에 내 안 좋았던 시험 성적을 어머니가 말했나. 이런 날 용돈을 졸라도 분명히 성공하지 못할 거야. 내일까지 기다리자'같이 생각하거나 한다. 그것은 여러분이 아버지의 마음의 움직임을 알 수 있다는 것을 의미한다.

그러면 어떻게 여러분은 여러분의 아버지가 화가 났다는 것을 아는 걸까. 여러분은 아버지의 표정을 본다. 말을 걸어도 조금도 웃지 않는다. 대답이 없거나 대답을 해도 퉁명스럽다. 동작이 왠지 몹시 거칠다. 그런 점들을 여러분은 관찰한다. 하지만 그것은 아버지의 마음 그 자체의 움직임을 감지하는 것은 아니다. 인간은 마음의 움직임을 몸으로, 그러니까 눈에 보이는 어떤 사물의 형태를 통해 밖으로 드러낸다. 따라서 그것을 보고 여러분은 상대의 마음을 감지하는 것이다. 그러므로 만약 여러분의 아버지가 마음으로는 화가 났는데 조금도 그것을 바깥으로 드러내지 않으면 여러분은 아버지가 화가 났는지 아닌지 좀처럼 짐작하기 어려울 것이다.

하지만 그럴 때도, 마음의 움직임이 몸으로 드러날 때도 그것만으로는 여러분은 알 수가 없다. 여러분은 자신의 마음의 움직임을 알고 있어서 그것과 비교한 뒤에야 비로소 다른 사람의 마음을 아는 것이다. 그러니까 결국은 자기 자신의 마음

의 움직임을 감지하는 것이 마음을 탐색하는 일의 출발점이
된다.

연구자도 연구실도 우리 안에 있다

최근 누구나가 학문이나 연구는 대학이나 연구소에서 하는
거라고 생각하고 있는 듯하다. 아니, 학자가 되거나 연구소에
들어가지 않으면 연구는 할 수 없다고 포기하는 사람조차 많
이 있다.

마음을 연구하는 것도 심리학자가 되거나 정신과 의사가
되거나 하지 않으면 안 된다, 마음에 대해 알려면 심리학자나
의사한테 가르침을 받을 수밖에 없다, 그렇게 생각하는 사람
이 여러분 중에도 있지 않을까.

확실히 최근에는 학문이나 연구에는 많은 돈을 들여 훌륭
한 연구 설비를 갖추고 많은 실험의 재료가 필요한 분야도 있
다. 그런 설비 없이 할 수 없는 연구가 있다는 것은 분명하다.
하지만 마음을 알기 위해서는 커다란 연구실이 필요한 것도
아니고 대학의 교수가 되지 않으면 안 되는 것도 아니다. 오
히려 반대로 아무리 훌륭한 설비를 지녀도 연구하는 마음과

연구되는 마음을 돈으로 모을 수 있는 것은 아니다.

무슨 말인지 알겠는가. 마음의 연구는 하려고 마음먹으면 자기 혼자서도 할 수 있다. 한 사람 한 사람의 마음은 마음의 실험실이고, 마음이라는 연구 재료는 여러분에게도 나에게도 있다. 그리고 그 마음이 마음을 조사하는 연구자이기도 하다. 자신의 마음을 연구하는 데는 아무런 거리낌도 주저할 필요도 없지 않은가. 그뿐 아니라 자신의 마음을 안쪽부터 조사할 수 있는 것은 앞에서도 말했던 바와 같이 결국은 자기 자신밖에는 없다.

그러므로 여러분은 자신의 마음의 가장 뛰어난 연구자가 되는 셈이다 게다가 어디에 가든 무엇을 하려 하든 여러분은 자신의 마음과 항상 같이 있다. 따라서 언제 어디서고 자신의 마음을 연구할 수 있다.

이렇게 생각하고 보니 인간이 자신의 마음을 그다지 알지 못해 온 것이 이상하다는 생각이 든다. 하지만 거기에도 어엿한 이유가 있었다. 마음에는 마음의 진짜 움직임을 자신에게는 알리고 싶지 않다는, 알려지게 하면 안 된다는 장치가 있기 때문이다. 알게 되면 그것은 불쾌하기도 하고 고통스럽기도 하다. 자신의 마음이 얼마나 더럽고 약하고 추악해도 상관없으니 있는 그대로의 모습을 보고 싶다고 하는 것은 용기가 필요한 일이다. 그리고 그 용기를 가진 사람만이 자신의 마음을 바라볼 수 있다.

그것에 관해서는 뒤에서 다시 이야기할 것이다.

인간의 마음이 알고 싶어

인간은 얼마나 이상하고 비뚤어진 동물일까. 자기 자신은 모르면서 우주에 관해서 알고 싶어 한다. 자신의 마음을 아는 것보다 오히려 다른 사람의 마음을 알고 싶어 한다.

나는 다른 사람의 마음을 직접적으로 알 수는 없다고 했다. 마음의 움직임을 겉으로 드러내 주지 않으면 다른 사람의 마음의 내면을 아는 것은 불가능하다. 하지만 아는 게 어렵다는 것을 알게 될수록 더욱더 알고 싶어진다. 다른 사람의 마음속 깊숙이 자리한 곳에서 어떤 일이 벌어지는지 무슨 일이 있더라도 알고 싶어진다.

여러분도 친구가 말을 안 하고 있을 때 무슨 생각을 하고 있는지 알면 좋을 텐데 하고 생각한 적이 없는가. 인간의 이러한 타인의 마음에 대해 품고 있는 호기심이 마음을 연구하는 학문, 즉 심리학이라는 학문을 만들어 왔다.

무슨 무슨 학이라는 이름이 붙으면 그것은 상당히 어려운 학문이라는 생각이 들지도 모른다. 또 학문에는 무턱대고 어려운 것처럼 폼 잡으려고 하는 안 좋은 구석이 있다. 어려울수록 고급 학문처럼 보이기 때문이다. 하지만 실제로는 학자가 인간의 마음을 보통 사람보다 잘 알고 있다고 보기는 어렵다.

타인의 마음을 알고 싶다는 생각으로부터 출발한 심리학도 처음에는 자신의 마음을 바라보는 것에서 시작되었다. 자신이 이런저런 체험을 하고 그때 자신이 마음속에서 일어난 일들을 가급적 정확하게 보고한다. 여러 사람이 비슷한 체험을 해서 보고하면 그것을 비교해 보고 공통점을 발견한다. 거기에서 하나의 법칙을 발견할 수도 있다. 그리고 그 법칙을 통해 비슷한 체험을 하는 다른 사람의 마음의 움직임을 알 수 있게 되는 것이다. 각각의 사람이 자신의 마음을 바라보고 보고하는 방법을 내성법內省法이라고 한다. 내성법이라는 어려운 단어를 보고 살짝 겁을 먹는 사람도 있겠지만 거기에 신경 쓰지 않아도 상관없다. 인간은 일상생활에서 한 사람도 빠짐없이 이 내성법을 사용하는 심리학자이다.

하지만 이 방법은 누구나가 다 사용하고 있는 것이기 때문에 아무래도 학문다운 학문처럼 느껴지지 않는다. 학자로 뻐기고 싶은 사람에게는 왠지 개운치 않은 구석이 있다. 게다가 이 방법에는 커다란 결점이 있다. 내적인 성찰은 누구나 할 수 있지만 거기에서 발견한 것을 보고하는 데는 아무래도 언어를 사용하지 않으면 안 된다. 그리고 무언가에 비유하지 않으면 안 되는 것이다. 또 마음의 움직임을 어떤 척도를 가지고 잴 수도 없다. 그 말은 숫자로 나타낼 수 없다는 것이고 수치로 비교할 수도 없다는 말이기도 하다. 그런데 숫자가 나오면 왠지 무척 과학적이고 학문답게 보이고 숫자가 나오지 않으면 조금도 과학적으로 느껴지지 않는다

그 점에서 내성법의 과학적이지 않은 면에 불만을 가지는 사람들이 나왔다. 그들의 눈에 들어온 것은, 마음의 움직임이 몸의 변화로 나타난다는 점이었다. 이것은 사물에 나타나는 변화이기 때문에 여러 가지 척도로 측정하는 것이 가능하다. 수치로 비교할 수도 있다. 그래서 몸에 나타나는 변화로 마음을 간접적으로 연구하는 방법을 생각하는 사람들이 나타났다. 바로 행동심리학자라고 불리는 사람들이었다. 지금 심리학자라고 불리는 사람의 대부분은 이 행동심리학이라는 방법으로 마음을 연구하려 하고 있다 이 방법은 연구소에서가 아니면 할 수 없고 확실히 겉보기에는 상당히 학문처럼 보인다.

그것도 의미 있고 상당히 중요한 작업일 것이다. 하지만 그 방법에도 큰 결점이 있다. 내성법의 결점과 비교해 결코 작다고 할 수 없는 결점이다. 그것은 아무리 몸의 변화를 조사한다 해도 마음을 직접 조사하는 것이 될 수는 없다는 사실이다. 우리가 알고 싶은 마음의 세세한 움직임이 전부 몸에 나타나지는 않는다. 결국 숫자로 세세하게 드러나는 것처럼 보여도 사실은 마음의 가장 대략적인 움직임밖에는 조사할 수 없는 것이다. 몸에 나타날 정도로 대략적인 마음의 움직임이 아니면 조사할 수 없다는 무척이나 치명적인 결점을 행동심리학은 지니고 있다. 물론 행동심리학은 마음을 과학적으로 조사하는 기초가 된다. 하지만 그것을 근거로 인간의 마음을 전부 설명하려 한다면 너무 대략적이어서 부정확해지게 된다.

내성법도 행동심리학의 방법도 어느 것이 더 낫다거나 한 것은 아니다. 내성법은 과학처럼 보이지 않을지 모르지만 마음을 예리하게 관찰하고 관찰의 결과를 표현하는 데 뛰어난 사람이 있다면 이 방법으로 우리에게 마음이 어떠한 것인지를 자세하게 가르쳐 줄 수 있다. 뛰어난 소설가나 시인들은 그렇게 자신의 마음속에 일어난 것들을 절묘한 언어로 설명했다. 그 덕분에 사람의 마음에 대해 얼마나 많은 소중한 지식이 우리에게 주어졌는지는 가늠할 수 없을 정도이다.

02 | 귀신이 무서운 이유는

귀신은 무서워

다소 이론적인 이야기만 줄줄 늘어놓아 여러분을 피곤하게 만든 것 같다. 여러분들이 마음의 문제를 어렵고 지루한 것으로 여기면 곤란하므로 우리한테 친근한 것에서부터 곧바로 마음에 대해 생각해보기로 하자.

그런데 여기서 나는 이상한 질문을 여러분한테 하겠다. 여러분은 이 세상에 귀신이 있다고 생각하는가.

이런 질문을 하면, 그것과 마음이 어떤 관계가 있는 거지 하고 여러분은 의아하게 생각할지도 모르겠다. 하지만 관계가 있기 때문에 질문하는 것이다.

귀신 따위는 없어, 그렇게 자신 있게 단언하는 사람도 있을 것이다. 있을 거라고 생각하지는 않지만 절대로 없다고는 말할 수 없다고 대답하는 사람도 있을 것이다. 하지만 귀신은 분명히 있다고 생각하는 사람이 현대에는 적어지고 있다는 것은 확실하다. 옛날에는 귀신이 있다고 믿은 사람이 많았다.

그런데 도대체 그 귀신이란 건 어떤 것일까. 우선 귀신은 무서운 것이다. 무섭지 않은 귀신이란 건 아무런 의미가 없다. 귀신이 나오면 인간은 오싹해진다. 뒷덜미에 소름이 끼친다. 그렇게 만드는 것이 귀신이다.

그런데 그 귀신이란 것이, 그 정체를 확실히 본 사람은 없는 것 같다. 왜냐하면 귀신 이야기는 세계 각국에 있지만 귀신은 반드시 밤이 되어서야 나온다. 게다가 달빛이 있는 밤도 아니고 사물을 분간하기 힘든 어두운 밤에만 나온다. 그리고 나라마다 귀신의 모습도 전부 다르다.

일본의 귀신들은 다리가 없다. 둥실둥실 하늘에 떠 있는 것으로 되어 있다. 그런데 서양의 귀신들은 아무래도 다리가 있는 것 같다. 그뿐 아니라 발소리만 내는 귀신도 있는 듯하다. 차가운 석조 건물 안을 쿵쿵 울리는 발소리가 난다. 그리고 문 앞에서 발소리가 딱 멈춘다. 끼익 하고 문이 열리지만 거기에는 아무도 없다. 다시 문이 닫히고 발소리는 여기저기 빈

공간에 울려 퍼지며 멀어져 간다. 고성에 전해져 오는 그런 서양 귀신의 이야기를 들으면, 버드나무 뒤에서 "억울해" 하면서 불쑥 나오는 일본의 귀신과는 상당히 다르다는 생각이 든다. 일본의 귀신은 발이 없기 때문에 발소리도 없을 것이다. 덴마크의 귀신 가운데는 말에 탄 귀신까지 있다. 안개 속에서 말의 울음소리가 들리고 갑옷과 투구로 무장한 하얀 기사가 말을 타고서 불쑥 나타난다는 이야기다. 이런 귀신이 일본에 나타났다는 이야기는 들은 적이 없다.

귀신한테는 발이 있기도 하고 없기도 하다. 나라에 따라 귀신의 복장도 다르다. 도대체 왜 그런 걸까. 정말로 귀신의 종류가 다르기 때문일까. 아마도 그렇지 않을 것이다 나는 귀신을 본 사람이 귀신을 확실히 쳐다보지 않았기 때문이라고 생각한다.

원래 귀신은 무서운 것이기 때문에 귀신을 만난 사람은 또렷하게 쳐다볼 사이도 없이 도망치기 바쁘다. 그 때문에 나중에 귀신이 어땠느냐는 질문을 받아도 애매모호하게 이렇게 생겼다, 저렇게 생겼다고, 잘 알지 못하는 부분은 상상력으로 메꾼다. 그럴 때, 그때까지 들었던 귀신에 관한 이야기가 상상력을 돕는다. 그래서 각 나라에서는 비슷비슷하게 생긴 귀신이 나오는 것이리라.

하지만 어느 나라에 가더라도 공통점이 한 가지 있다. 그것은 귀신이 무서움이 들게 한다는 것, 어느 나라 사람이든 귀신을 보면 등줄기가 서늘해지며 오싹 소름이 끼친다는 것이다. 귀신과 공포심이라는 인간의 감정과는 떼려야 뗄 수 없이 연결되어 있다. 여름이 되면 귀신 이야기를 많이 하는데 그것은 인간에게 무서움이 들게 해 더위를 잊게 하기 위해서이다.

왜 귀신은 밤에 나올까

어느 나라에서든 귀신은 밤에 나온다. 그것도 공통점이라고 할 수 있을 것이다. 해가 내리쬐는 대낮에 나와 낮잠을 자는 귀신은 없다. 그런 이야기는 들어도 오싹하지 않다. 귀신이 많이 나오는 것은 자정이 지난 뒤이다. 그리고 동녘이 밝아오면 황망히 사라진다. 첫닭이 우는 소리를 들으면 귀신은 허둥대기 시작한다. 귀신이 두려워하는 것은 아침이다. 해가 뜨고 햇빛이 비치면서 지상에서 어둠을 쓸어내는 것이다.

귀신은 왜 밤에만 나오는 것인지 생각하면 답을 찾기가 좀처럼 쉽지 않지만 어째서 낮에는 나오지 않는지를 생각하면 문제 해결의 열쇠를 발견할 수 있다. 귀신은 밝은 곳에 나타나 정체가 밝혀지는 게 두려운 것이다. '귀신인가 하고 봤더니 마른 참억새'라는 속담이 있다는 것을 알 것이다. 밤에 귀신인가 싶어 두려워했던 것이 낮에 보니 사실은 마른 참억새였다. 귀신의 정체 따위 그런 것이라는 속담이다.

그것과 동시에 인간이 달에 착륙해 걸어 다니면서 달의 운석을 증거로 갖고 오는 시대가 되니 귀신은 나오기가 더 어렵게 되었다. 문명은 인간에게 햇빛과 같은 것을 가져다주었다고 할 수 있다. 결국 빛과 문명은 비슷한 구석이 있다. 그것은 무엇일까. 인간은 자신이 알고 있는 것에는 두려움을 느끼지 않는다. 세상에서 일어나는 신기한 현상도 어떻게 그것이 일어나는지 확실하게 설명을 들으면 두려움을 느끼지 않게 된다.

가령 여러분이 귀신 따위 이 세상에 절대로 없다고 믿고 있다고 해도 캄캄한 밤에 어둠에 휩싸인 묘지를 태연히 걸을 수 있을까. 왠지 기분이 으스스해지지 않을까. 시골에 가서 한밤중에 잠이 깨 변소에 가는 게 무섭다고 생각한 적은 없을까.

어둠은 그 자체만으로 우리에게 두려움을 느끼게 한다. 그리고 장소가 묘지라면 두려움은 더욱 커진다. 왜냐하면 묘지에는 죽은 사람들이 묻혀 있고 인간은 자신이 죽은 뒤에 어떻게 되는지 전혀 알 수 없기 때문이다. 그리고 인간은 자신이 모르는 것이 앞에 있으면 두려움을 느낀다. 미신에 사로잡혀 있던 옛날 사람들은 지금의 현대인들에 비해 훨씬 더 그 두려움이 컸을 게 틀림없다.

그렇게 생각을 해나가다 보니 내가 처음에 '귀신은 무섭다'고 했지만 사실은 '무섭기 때문에 귀신이 나온다'는 것을 알 수 있다. 두려움이 인간의 상상력을 통해 낳은 것이 귀신이다. 귀신은 공상의 산물인 것이다.

이제 여러분은 내가 왜 귀신 이야기 따위를 시작했는지 비로소 눈치채지 않았을까. 나는 두려움이라는 인간이 지닌 감정에 대해 여러분에게 이야기하고 싶은 것이다. 두려움은 마음의 움직임의 하나이고 게다가 상당히 큰 의미를 지닌 마음의 작동 중 하나이다.

이제 이 두려움이라는 감정을 입구로 해서 마음의 세계 안으로 들어가 보자.

어떨 때 두려움은 커질까

학교에 가는 도중 여러분은 왼쪽은 묘지 오른쪽은 숲이 있는 길을 지나가지 않으면 안 된다. 하지만 아침에 친구들 여럿과 지나갈 때는 아무것도 느끼지 못한다. 밤이 되어서 그 길을 지나가지 않을 수 없게 되면 여러분은 싫다는 느낌이 들게 된다. 두려움이 마음속에서 떠오르는 것을 느낀다. 그때 누군가가 함께 가준다면 여러분은 기운을 차리게 된다. 누군가 아는 사람이 있다는 사실로 인해 두려움은 줄어든다.

그 길을 걸으면 무섭기는 하지만 조용하고 아무 일도 일어나지 않을 것 같으면 여러분은 마음이 조금씩 차분해지는 것을 느낀다. 그런데 갑자기 돌풍이 불고 나뭇잎이나 풀숲이 술렁이면 이번에는 움찔할 것이다. 또 저 멀리서 누군가가 다가오는 것이 보인다. 누구인지 알 수 없다. 그 사람과의 거리가 점점 가까워질수록 여러분의 두려움도 커진다. 그 사람이 근처에 사는 아저씨라는 것을 알게 되면 두려움은 급격히 줄어든다. 모르는 사람이라 할지라도 아무 일 없이 스쳐 지나가 버리면 두려움은 옅어진다.

이렇게 대체 어떨 때 두려움이 커지고 어떨 때 두려움이 줄어드는지 생각해보면 여러 가지 것들을 깨달을 수 있을 것이다.

자신의 주변에 자신이 잘 알고 있는 것이 있으면 인간은 그다지 두려움을 느끼지 않는다. 낯선 것들에 둘러싸여 있으면 왠지 모르게 마음이 안정되지 않는다. 밤이 되면 자신이 잘 알고 있는 것도 안 보이게 되고 왠지 낯선 것처럼 보인다. 그럴 때 인간은 두려움을 느낀다. 그리고 태양이 떠서 다시 잘 알고 있는 세계를 볼 수 있게 되면 두려움은 사라져 간다.

밤이 아니더라도 컴컴한 지하실이나 동굴처럼 어두워서 뭐가 있는지 모르는 곳도 두렵고, 아는 사람이 한 명도 없는 낯선 고장도 왠지 두렵다. 그리고 이 두려움을 마주 보게 하고 힘을 내게 하고 용기를 내게 하는 것은 함께 있어 주는 자신이 잘 아는 사람이다. 어두운 곳에 있을 때 아버지나 어머니가 함께 있어 준다면 두려움은 줄어든다. 손을 잡아 준다거나 말을 걸어 준다면 더 쉽게 두려움은 사라진다. 그런 사실에서 신뢰할 수 있는 사람이 가까이 존재하는 것이 두려움과 반대의 작용을 한다는 것을 알 수 있을 것이다. 역으로 생각하면 어둠이 무섭다고 해도 외톨이라는 외로움은 그 두려움을 더욱더 크게 만든다고 할 수 있다.

여러분이 장난꾸러기 친구들 여럿과 함께 도깨비집을 탐험할 생각이라면 두려움 따위는 문제될 것이 없다. 귀신이 나타나지 않으면 여러분은 분명 실망할 것이 틀림없다. 그 경우에도 여러분이 친구들과 떨어져 외톨이가 되는 순간, 두려움은 갑자기 무럭무럭 마음속에서 솟아오를 것이다.

지금까지의 사실을 생각해보면 여러분은 두려움이라는 것이 무언가 인간이 살아가는 데 있어서 무척 중요한 역할을 한다는 사실을 깨달았을 것이다. 그리고 두려움이라는 감정에는, 그것과 반대의 힘으로 그것을 없애려고 하는 마음의 작용이 있다는 것도 알았을 것이다.

결국 두려움을 느끼게 하는 조건이 우리들 주위에 있고, 또 그 두려움을 없애려고 하는 조건도 있다. 그것이 맞물리면서 두려움은 커지기도 하고 줄어들기도 하는 것이다.

위험과 경계심

인간은 살아가면서 여러 가지 위험에 부닥친다. 인간은 스스로 그 위험에 주의하면서 자신의 생명을 지켜 가지 않으면 안 된다. 인간 이외의 동물에게는 항상 자신을 노리고 있는 적이 있다. 그래서 신경을 집중해 적에게 습격당하지 않도록 주의하는 것이다. 인간한테는 자연히 인간을 쓰러뜨리려고 하는 강한 동물이 그다지 없다. 머리를 사용하고 도구를 사용하고 있는 인간은 이 지구상에서 가장 강한 동물이다. 하지만 방심을 하면 인간은 그 약점이 드러나고 만다.

따라서 자신의 주변에 있는 것이 위험한지 위험하지 않은지 구별할 수 없으면 항상 신경을 곤두세우고 있지 않으면 안 된다. 사방팔방, 눈도 귀도 코도 자신에게 무언가 해를 가할 것 같은 대상을 찾지 않으면 안 되는 것이다. 밤이나 어두운 곳에서는 아무리 자신이 신경을 곤두세우고 주의를 집중하고 있어도 충분하지 않다는 것을 느낀다. 위험이 바로 가까이에 있어도 자신은 알 수가 없다. 그것이, 두려움이다. 그러므로 두려움은 우리에게, 자신이 위험할지 모른다는 경계경보를 취하게 하는 것이라고 할 수 있다.

마른 참억새가 마른 참억새로 보이지 않을 때, 마른 참억새라는 것을 모를 때, 우리는 그것을 위험한 것이라고 생각해 경계한다. 그리고 그것이 위험하지 않은 마른 참억새라는 것을 알면, 뭐야 별거 아니잖아 하고 안심한다. 그때는 두려움이 사라진다. 어둠은 우리를 안심할 수 없게 한다. 언제라도 위험에 대비해 경계 태세를 취하지 않으면 안 되게 만든다. 우리는 무척이나 민감하다.

사정이 변하면 어둠이 역으로 우리를 안도하게 만들고 밝은 데가 무서워지는 일도 있다. 예를 들면 도둑이 그렇다. 도둑은 밤에 활동한다. 도둑으로서는 자신이 누구인지 발견되는 것, 지금 뭘 하고 있는지 발견되는 것이 가장 위험하다. 그 도둑에게는 몸을 숨기는 데 밤처럼 알맞은 것이 없다. 반대로 밝은 곳, 대낮, 사람이 많이 모여 있는 곳은 자신에게 위험하기 때문에 주의를 기울이지 않으면 안 된다. 물론 도둑이라고 해도 우리처럼 밤을 무서워하는 사람이 전혀 없는 것은 아니다. 하지만 낮이 좀 더 위험한 경우는 밤이 그나마 낫다고 생각하는 것도 당연할 것이다.

듬직한 어른이 곁에 있어 주면 두려움이 줄어드는 것도 그 때문이다. 함께 있어 주면 위험이 있어도 지켜줄 거라는 안도감이 들기 때문이다. 게다가 둘이 있으면 두 배로 신경을 쓸 수 있다. 그만큼 불의의 공격을 당할 위험이 적어진다.

자신이 힘이 세고 약간의 위험이 있어도 싸워 이길 수 있다는 자신감이 있으면 역시 두려움이 줄어드는 것도 당연하다. 실제로 그래서 위험도 줄어드는 것이 틀림없다.

이제 또 한 가지 우리가 생각하지 않으면 안 되는 게 있다. 놀람의 감정이다. 귀신과 마주치면 인간은 움찔하며 소름이 오싹 돋는다. 귀신은 갑자기 확 우리 앞에 나타나 우리를 놀라게 한다. 우리가 생각지도 못했던 일이 갑자기 일어난다.

하늘에서 떨어진 듯 땅에서 솟아난 듯이라는 표현으로 곧 잘 표현되지만, 이렇게 하면 혹은 이 정도면 이렇게 될 거야,

하고 생각하고 있는데 갑자기 예상도 하지 못한 일이 일어난다. 그때 우리는 흠칫하게 된다. 하지만 낮이라면 우리는 자신을 놀라게 한 것이 실제로 위험한지 아닌지 곧바로 간파한다. 그리고 그런 상황이라면 그런 일이 일어나는 것도 당연하다고 납득하고 안심한다. 밤이라면 그렇게 되지 않는다. 경계를 아무리 해도 충분히 경계할 수 없기 때문에 밤에는 가슴이 철렁하는 일이 많이 생긴다. 낮이라면 놀라게 되는 일도 적어진다.

이 놀라는 순간, 우리는 자신을 잃어버리게 되고 어떻게 하면 좋을지 모르게 된다. 목적에 부합하는 행동을 취하기에는 마음이 정리되지 않고 혼란스럽다. 거기에서 영문도 모르는 채로 자신이 그때 느끼는 가장 강한 충동에 의해 움직여진다.

귀신이 나오기 어렵게 되었다

그러면 여기서 다시 한 번 귀신의 이야기로 돌아가자. 참으로 끈질기게 귀신 이야기만 한다고 할지 모르지만 조금만 참아 주기를 바란다. 어찌됐든 귀신을 입구로 해서 마음의 이야기를 시작했기 때문에 어쩔 수가 없다.

귀신 이야기가 인간에 의해 만들어진 것은 옛날이다. 하지만 옛날이라고 해도 아주 오랜 옛날은 아니다. 문명이 상당히 발전되고 나서이다. 그것은 귀신이 입고 있는 옷을 봐도 알 수 있다. 원시시대의 귀신 이야기 같은 건 들어보지 못했다. 알몸의 여자 귀신이 허리에 모피를 두르고 나타난다는 이야기를 듣는다 해도 그다지 무서운 마음이 들지 않는다. 그 시대에 인간은 귀신을 생각해 내지 않았을 것이다. 『성서』에도 귀신의 이야기는 없는 것 같고, 그리스 시대의 책에도 괴물 이야기는 있지만 귀신 이야기는 없다. 그리고 단지 괴물도 사람을 무섭게 하는 것이 아니고 인간이 싸워서 이기거나 지거나 한다.

귀신다운 귀신이 나오게 된 건 중세가 되고 나서부터인 듯하다. 종교가 죽은 뒤의 인간의 생활을 가르치고, 지금 자신이 살고 있는 세상 속에서의 도덕이 죽고 난 뒤에 시작되는 생활을 위해 중요하다고 가르친 것과 귀신은 관계가 있는 게 틀림없다. 귀신 이야기는 잘 들어보면 상당히 도덕적이고 설교 냄새가 많이 난다. 귀신은 죽은 사람이 복수하는 것으로서 정의를 가르치려 하거나 죽은 자에 대한 예의를 중요시하게 만든다는 의미가 있다.

그 뒤로 문명이 좀 더 발전한 뒤에는 귀신은 그다지 등장

하지 않게 되었다. 전혀 귀신 이야기가 만들어지지 않은 것은 아니다. 우리가 사는 이 시대에도 도시 괴담 같은 이야기는 만들어지고 있다. 최근, 택시 운전사가 한적한 곳에서 여자 손님을 태우고 달리다가 뒤를 돌아봤더니 아무도 없고 여자 손님이 앉았던 자리는 물에 젖어 있었다는 식의 이야기를 들었다. 자동차 시대에 만들어진 귀신이다. 하지만 시간이 지나면 그런 이야기는 자연스럽게 사라져 버린다. 더 이상 사람들이 믿으려 하지 않기 때문이다. 도쿄처럼 밤에도 사람들이 일하는 거리에는 더 이상 귀신이 나오고 싶어도 나올 수가 없다.

오랜 옛날에는 귀신이 없었다. 중세가 되어서 귀신은 만들어졌다. 현대에는 귀신이 나올 수 없게 되었다. 역사상으로는 이 세 개의 단계를 생각해볼 수 있다. 여기에서 여러분은 자신에 관해서 돌아다보기 바란다. 여러분은 이제는 귀신이 나오는 이야기 따위 비과학적이라며 믿으려 하지 않을지 모른다. 하지만 어렸을 때는 어땠을까. 아무래도 귀신이 정말로 있는 것 같다는 느낌이 든 적이 없었을까. 네다섯 살에서 일고여덟 살 정도까지는 여러분도 어른들이 진지한 얼굴로 귀신이 있다고 말하면 분명히 그럴 게 틀림없다고 생각했을 것이다. 그리고 혼자서 자거나 컴컴한 곳에서 자는 게 엄청 무서웠던 시절이 분명히 있었다. 그런데 지금은 너무 밝으면 잠을 잘 수 없게 되었다. 네다섯 살보다 더 어린 시절, 그러니까 아기에 가깝던 무렵, 아장아장 걸음마를 하던 시절에는 어땠을까. 유감스럽게도 여러분은 그 시절의 자신의 모습을 기억하지 못한다. 원시 시대의 일이 인류에게는 그다지 남아 있지 않은 것과 마찬가지로. 하지만 지금 아기를 보면, 아기가 귀신을 전혀 무서워하지 않는다는 것은 확실하다. 애초에 귀신이 어떤 존재인지조차 알지 못할 것이다. 모르는 것을 무서워할 리가 없다.

이렇게 귀신을 믿었던 시대를 인류의 역사에서 보건 한 사람의 역사에서 보건 발달의 세 단계 중 가운데 부분에 해당한다는 것을 여러분은 알아챘을 것이다.

관점을 바꿔 말하자면, 인간의 마음은, 한 사람 한 사람 안에 인류의 마음이 역사 속에서 발달해 온 길을 더듬어 가는 것이라는 사실을 알 수 있다. 물론 인간이 알에서 시작해 아기가 될 때까지 진화의 길을 걸어왔다는 사실을 여러분들은 알 것이다. 그것과 똑같은 말을 인간의 마음의 발달에 관해서도 할 수 있다. 그 진화의 길을 걷는 도중에 멈춰 버린다면, 몸의 경우에는 발육 부진 때문에 기형이 생기기 쉬운데 마음 또한 마찬가지다. 확실치는 않지만 마음도 몸처럼 기형이 생긴다.

마음의 병이라고 하는 것들 중에는 그런 것들이 아주 많이 있다.

하지만 여기에서 잊어버리지 말아야 할 게 한 가지 있다. 현대라는 것이 결코 종점은 아니라는 것이다. 인간은 몸으로나 마음으로나 좀 더 진화해갈지 모른다. 특히 마음은 더 진화할 것 같다. 그렇게 되면 지금의 우리들의 마음은 발육 부전으로 인한 기형이었다고 후세 사람들은 말할지도 모른다. 그리고 나는 지금 존재하는 인간들의 마음을 보며 그러한 요소가 꽤 있다고 느끼고 있다.

03 | 두 가지 두려움

귀신 말고도 무서운 것이 있다

여러분은 지금까지 귀신이라는 대수롭지 않아 보이는 것에서부터 출발해 자신의 마음을 바라보았지만 그럼에도 여러 가지 사실들을 알았을 것이다.

이제 조금 더 이 귀신에 관한 생각의 주변을 넓혀 가면서 자신의 마음을 새롭게 바라보도록 하자.

귀신은 무섭다고 나는 말했지만 무서운 게 귀신밖에 없을 리가 없다. 여러 가지 것들이 무서울 것이고 무서움에도 여러 종류가 있을 것이다.

예를 들어 인간이 무서워해야 하는 것이 엄청나게 있다. 실제로 자신에게 위험하다는 것이 확실한 것들이다. 가령 맹수가 무섭다는 사람도 있을 것이다. 홋카이도에서 대학생 세 명이 곰에게 살해당했다는 이야기가 최근에도 전해졌다. 그러므로 인간이 곰을 두려워하는 것도 결코 이상한 일은 아니다. 살무사 같은 독 있는 뱀이 무섭다는 사람이 있다 하더라도 조금도 이상하지 않다. 반대로 무서움을 모르는 쪽이 위험할지 모른다. 이렇게 확실한 이유가 있는 명백한 무서움이라는 게 있다.

그런데 이유가 그 정도로 확실치 않은데 느끼는 두려움도 있다. 독 있는 뱀이 무서운 것은 이유가 있지만 독이 없는 뱀도 무서워하는 것이 그것이다. 뱀이라면 종류를 막론하고 무서워해서 뱀을 만나면 새하얗게 질리는 사람이 있다. 뱀띠인 나도 무서운 정도는 아니지만 뱀을 결코 좋아하지는 않는다.

벌레가 무섭다는 여자는 흔히 볼 수 있다. 그것도 인간에게 해를 끼치는 벌레만 무서운 게 아니라 벌레라는 벌레는 전부 무서워해서 작고 귀여운 벌레가 몸에 닿기만 해도 꺅- 하고 소리를 지르는 여자들이 있다는 것은 여러분도 알 것이다. 그런 벌레 따위를 무서워하는 건 이상해 보인다. 하지만 본인은 정말로 무서워하는 것 같다. 내 경우는 그런 작은 벌레보다도 여자 쪽이 훨씬 더 무섭다.

그 밖에도 높은 곳이 무서워서 올라가지 못하는 사람도 있고, 파도가 무서워서 바다에 못 들어가는 사람도 있다. 병을 무서워하는 사람도 있을 것이다. 그 밖에도 무서운 것은 일일이 셀 수 없을 정도로 많이 있다.

두렵다는 것은 하나의 감정이지만, 두려움이라는 같은 말로 표현되더라도 그것들 하나하나에는 세세한 차이가 있다. 같은 것을 두려워하는 경우도 있겠지만 대체적으로 두려움을 불러일으키는 대상은 사람에 따라 다르다고 생각하는 편이 좋을 것이다. 다른 사람이 두려워하는 것은 아무렇지도 않은데 대신에 하찮은 것을 두려워하는 사람도 곧잘 있다.

그러나 두려운 것을 분별하지 않고 그저 펼쳐 놓기만 한다면 아무것도 이해할 수 없을 것이다 그래서 이제부터 여러분과 함께 그 두려움을 정리해 나가면서 생각해보기로 하자.

우리는 '뭐가 무섭다'고 말한다. 또 '아무것도 무섭지 않다'고 말한다. 거기에서 알 수 있는 것은 두려움이라는 감정에는 상대가 되는 것, 그러니까 대상이 있다는 사실이다. 그 대상이 확실한가 확실하지 않은가는 아주 중요하다.

두려움이라는 감정은 인간이 지닌 여러 가지 감정 중에서도 매우 중요한 의미를 지닌다고 앞서 내가 말했다는 걸 여러분은 기억할 것이다. 두려움이라는 감정이 왜 중요한가 하면, 인간이 안전하게 살아가기 위해서 반드시 필요한 본능과 연결되어 있기 때문이다. 그 본능은 개체 보존 본능이라는 것으로, 위험으로부터 자신의 몸을 지키고 생명을 지키기 위해 작동한다.

두려운 것이 우리에게 확실히 위험한 것이라면, 두려운 것을 피함으로써 우리는 안전하게 살아갈 수 있게 된다. 가령 산에서 곰을 만나면 무섭다. 하지만 동물원의 우리 안에 있는 곰을 보더라도 우리는 두려움을 느끼지 않는다. 이 경우 위험과 두려움은 비례한다. 하지만 우리가 두려워하는 것들이 전부 위험하다고 말할 수 있을까. 그렇지 않다. 왜 이런 것을 두려워할 필요가 있을까 하고 생각되는 것들까지 우리는 두려워하기도 한다. 그것은 두려움이 우리의 안전을 지키기 위한 본능과 연결되어 있다는 사실과 상당히 모순되는 것처럼 보인다.

위험을 피하기 위해 두려움이 필요한 것이라면 두려운 대상이 확실하지 않을 때는 곤란하다. 확실하지 않다면 어떻게 해야 그 위험에서 벗어날 수 있을지 짐작할 수 없을 것이다.

위험은 인간의 능력에 따라 변한다

여기에서 여러분과 함께 아기에 대해 한번 생각해 보자. 아기는 두려움을 모른다. 하지만 아기의 주위에는 여러 가지 위험이 있다. 있는 정도가 아니라 어른이 지켜주지 않으면 살아갈 수 없을 정도로 위험으로 가득 차 있다고 할 수 있다. 내버려두면 난로를 만질지도 모른다. 칼을 내놓은 채 그대로 두면 그것을 장난감처럼 가지고 놀다가 상처를 입을 수도 있다. 따라서 눈을 뗄 수가 없다. 아기는 자기 혼자서는 살아갈 수 없다. 아기는 또 도망칠 수도 없기 때문에 만약 곰을 만난다면 곰이 두렵다는 것을 안다고 해도 아무 소용이 없을 것이다. 어른이 지켜주는 것만이 자신이 위험에서 벗어날 수 있는 오직 유일한 방법이다. 그러므로 어른이 옆에 없고 혼자 외톨이가 되는 것이 아기의 가장 커다란, 그리고 유일한 위험이라고 할 수 있다.

갓 태어난 아기는 두려움을 전혀 모른다. 그것도 당연한 일이다. 위험한 것과 안전한 것은커녕 사물 자체의 구별도 하지 못하기 때문이다. 사물의 구별을 못하는데 위험한지 위험하지 않은지를 알 리가 없다. 하지만 움직이지도 못하기 때문에 스스로 위험 속으로 들어가는 일도 없다.

아기는 얼마 안 있어 엉금엉금 기기 시작하고 조금 있으면 아장아장 걸음마를 할 수 있게 된다. 그것과 동시에 위험과 만나는 일도 많아진다. 어른들이 눈을 뗄 수 없는 가장 위험한 시기이다. 실제로도 잠깐 동안 눈을 뗀 사이에 사고가 일어나기도 한다. 아직 두려움을 모르기 때문이다. 더러운 것을 입에 집어넣는다. 뜨거운 것을 만질지도 모른다. 뾰족한 물건을 손에 쥐기도 할 것이다. 그러므로 어른이 그러한 위험한 물건들로부터 아기를 멀리 떨어뜨려 놓지 않으면 안 된다.

이런 아기가 제일 처음 분간하게 되는 것이 자신의 엄마다. 엄마라기보다는 자신을 지켜주는 가장 소중한 사람이라고 표현하는 게 맞을 것이다. 그리고 그 아기가 최초로 두려움을 알게 되는 것은 이 무렵부터인 듯하다. 낯가림을 하기 시작한다. 모르는 사람, 안경을 낀 사람 등이 아기를 어르려고 하면 울음을 터뜨리면서 엄마한테 달라붙는다.

그럴 때 아기가 우리들이 느끼는 것과 똑같은 것을 정말로 느끼는지는 알 수 없다. 아기는 말도 해주지 않고, 그때 일을 기억했다가 나중에 설명해주지도 않기 때문이다. 하지만 그럴 때 엄마한테 필사적으로 달라붙어 우는 아기를 보고 있으면 내 눈에는 두려움을 느끼고 있는 것처럼 보인다. 그렇게 보이는 것일 뿐인지도 모른다. 하지만 만약 그것이 두려움이

라면, 아기는 엄마라고 하는 마음에 드는 인간과 함께 있으면
안심할 수 있지만 그렇지 않으면 위험하다는 것을, 즉 두렵다
는 것을 깨닫기 시작한 것이다.

좀 더 나이를 먹게 되면 혼자가 되는 것의 두려움, 모르는
사람이나 장소에 대한 두려움이 점차로 확실해지고, 그제야
비로소 두려움을 의식하게 된다. 무섭다고 말하게 되는 것이
다. 하지만 그럴 때의 두려움이란 어떨까. 대상은 아직 뚜렷
하지 않다. 위험과 두려움은 확실하게 연결되어 있지 않다.

외톨이가 되는 것, 엄마의 모습이 보이지 않는 것은 가장
두려운 일이지만 그것은 직접적인 위험은 아니다. 아이들은
어둠을 무서워하지만, 어둠이 무섭다 해도 그 어둠이 직접적
인 위험을 가져오는 것은 아니다. 어둠 속에서도 엄마가 말을
걸어 주거나 손을 잡아 주면 두려움은 사라진다. 바꾸어 말하
면 어둠은 엄마의 얼굴이 보이지 않고 자신이 오로지 혼자라
고 느끼기 때문에 무서운 것이라고 말할 수 있다.

이런 사실들을 살펴볼 때, 어째서 여러분들이 어렸을 때 엄
마와 아빠를 대단히 훌륭하다고 생각했는지 그 이유를 추측
할 수 있을 것이다. 아이들은 자신의 주위에 어떤 두려운 것
들이 있는지 알지 못한다. 엄마와 함께 있으면 아무 문제 없

다고 생각한다. 엄마가 어떠한 위험으로부터도 자신을 지켜줄 거라고 생각하지 않으면, 반드시 지켜줄 거라고 생각하지 않으면, 안심하지 못할 것이다. 실제로는 성장해 감에 따라, 엄마는 그다지 의지할 수 없겠구나, 하고 생각하게 되는 때가 온다. 하지만 그런 생각이 들게 되면 아무리 엄마와 함께 있게 되어도 안심하지 못한다. 안심하기 위해서는 엄마가 절대적인 존재라고 생각할 수밖에 없다.

초등학교에 들어가기 전까지의 아이들은 엄마와 아빠에게 기댄다. 그것을 의존이라고 하는데, 네 살 무렵까지의 시기는 절대적인 의존 상태이다. 그 무렵에는 엄마나 아빠가 절대적이라고 생각한다. 마치 신과도 대체할 수 없을 정도로 절대적으로 의존하고 있다는 것을 느낄 수 있다.

그 연령의 아이들은 그래도 전체적으로 보면 두려움이라는 것을 모른다. 그래서 아이들이 노는 것을 지켜보는 어른들의 마음은 내내 조마조마하다. 예를 들어 집에 고양이가 있으면 귀를 붙잡거나 꼬리를 붙잡아 쭉 잡아당기거나 한다. 그런 짓을 하면 고양의 발톱에 할퀴거나 물릴지도 모른다. 아이들은 그런 위험을 처음에는 모른다. 높은 곳에 올라갔다가 떨어질 위험, 독이 있는 음식을 먹는 것의 무서움, 칼을 만지다가 상처를 입는 무서움, 그런 것들을 어린아이들은 모른다.

그리고 성장함에 따라 그러한 무서움을 하나하나 알게 되는 것과 동시에 왜 무서운지 어떤 경우에 그것이 무서운지를 알게 된다. 무서움과 위험이 점점 가까워지며 겹쳐지게 된다. 그것을 안다는 것은 자기 혼자서 엄마한테 의지하지 않고 스스로 자신의 몸과 생명을 지켜 갈 수 있다는 의미이다. 그러니까 의존성이 줄어들게 되는 것이다.

아이는 그러한 것을 하나하나 배워서 무서움을 좀 더 정확하게 파악하면서 어른이 되어 간다. 그리고 자기라는 것을 갖게 된다. 얘를 들어 누군가한테 의지하지 않으면 안심할 수 없을 때는 무엇이 두려운지 알지 못하지만 막연하게 두렵다. 대상을 파악할 수 없을 때의 두려움이다. 그것이 비로소 사물에 대한 두려움이 된다. 고양이한테 할큄을 당하면 고양이가 무서워진다. 하지만 좀 더 커지면 고양이가 할퀴는 게 무서워진다. 결국 사물의 특정한 성질에 대한 두려움이 문제가 된다. 고양이를 무서워하면 고양이가 눈앞에 나타나기만 해도 무서울 것이다. 하지만 어떤 행동을 했을 때 고양이가 발톱으로 할퀴는지를 알면 고양이 그 자체는 무섭지 않게 된다. 어떤 행동을 하면 어떤 일이 닥친다고 하는 두려움이다. 그것은 눈앞에서 일어나지는 않았지만 일어날지도 모르는 것에 대한 두려움이다.

　이렇게 해서 두려움의 대상은 점차 그 수가 늘어나지만, 동시에 이것은 두렵지 않다, 이런 경우는 두렵지 않다, 안심해도 괜찮은 것도 늘어난다. 어떤 사물, 어떤 상황만을 두려워하고 경계하고 있으면 안심해도 괜찮은 것이다. 그 구별이 확실해져 간다. 예를 들어 산에서 곰을 만나는 것은 무섭지만 동물원의 우리 속에 있는 곰은 무섭지 않다. 그것과 마찬가지로 우리의 마음은 막연히 두려웠던 대상을, 이런 경우 저런 경우라고 하는, 눈에는 보이지 않는 우리 속에 넣어 버리는 것이다. 그 두려움을 우리 속에 가두는 것이 우리의 지식이나 경험이다.

　살무사든 다른 뱀이든, 구별이 가지 않는 것은 전부 뱀으로 묶어서 두려워하는 것은 당연하다. 전부 무서워하면 살무사도 피할 수 있을 것이다. 하지만 여러분이, 살무사에게는 독이 있지만 다른 뱀에게는 독이 없다는 것을 알면 다른 뱀을 구별하고 뱀 전체를 무서워할 필요가 없다. 그리고 살무사의 어디를 누르면 절대로 괜찮다는 것을 알게 된다면 살무사한테 물리는 두려움을 충분히 알고 있어도 보는 것만으로도 덜덜 떠는 일은 없을 것이다.

두려움이란 뭘까, 불안이란 뭘까

두려움에는 대상이 있다고 나는 말했다. 그 대상은 어렸을 때는 확실하지 않고 점점 지식이 쌓여감에 따라 확실해진다. 그와 동시에 두려움은 그 안에 가두어진다. 두려움의 대상이란 막연한 두려움을 그 안에 가두는 우리라고 생각하면 된다. 불안이란 대상이 없는, 대상을 잃어버린 두려움, 공포라고 곧잘 표현된다. 심리학자 중에도 그렇게 설명하는 사람이 있다. 하지만 이렇게 생각해보면, 불안은 대상을 잃어버린 두려움이라는 설명이 현실과는 부합하지 않는 말뿐인 설명이라는 사실을 알 것이다. 그러니까 두려움의 대상을 잃어버린 당혹감이 불안이라고 하는 것은, 동물은 원래 우리에 있는 것이고 우리에서 도망친 것이 야생의 동물이라고 말하는 것과 같다. 내가 여러분들과 함께 생각해온 것은 오히려 그 반대의 사실을 가리켜 온 게 아닐까.

아이들은 어른으로부터 떨어지면 어렴풋한 불안을 느낀다. 혼자 있을 때 자신은 하나하나의 위험을 알지 못하지만 왠지 위험에 둘러싸여 위태로워졌다는 것을 느낀다. 대상을 아직 갖지 못한 두려움, 그러니까 불안이 최초에 있다. 그리고 대상이 뚜렷하지 않으면 그것을 피할 수가 없다. 그래서 안심하기 위해서는 어떤 위험으로부터도 자신을 지켜줄 절대적인 대상이, 신과 같은 대상이 있음을 믿는 것이 필요한 것이다.

하지만 우리는 어머니나 아버지를 언제까지고 수호신처럼 의지하고 있을 수는 없다. 따라서 그 불안을 가라앉히기 위해서 처음에는 사물에 그리고 어떤 일에 두려움이 있다는 것을 연결시켜 생각하게 된다. 하지만 그 불안한 마음을 전부 하나하나 위험한 사물 속에 가둬둘 수는 없다. 이렇게 생각하면 아기로부터 점차로 성장해온 인간은 한 사람 한 사람 항상 마음속에 불안을 갖고 있을 수밖에 없다는 것을 이해할 것이다. 불안은 이렇게 살아 있는 인간의 마음속에 있는 지하수와 같은 것이다. 그리고 만약 무슨 일인가가 일어나 지면에 금이 생기게 되면 불안은 그곳을 통해 터져 나오게 된다.

여러분은 "나는 지금 불안 따위는 갖고 있지 않아요" 하고 말할지도 모른다. 확실히 그럴 것이다. 하지만 그렇다고 해도 마음속 깊은 바닥에도 불안이 없는 것은 아니다. 이것은 두렵지만 저것은 두렵지 않다고 구별해 두려운 것으로부터 멀리 떨어져 있는 것이다. 그렇게 함으로써 자신을 안심시키고 있다. 그리고 자신이 모르는 두려운 것은 뭔가에 의해 자신이 지켜지고 있으면 결코 오지 않을 거라고 믿음으로써 자신을 안심시키고 있을 뿐이다. 예를 들어 신을 믿고 올바르게 행동하면 결코 불행은 일어나지 않을 거라고 믿는 사람도 있을 것이고, 정의는 반드시 이기고 사악함은 반드시 벌을 받을 거라고 믿으면서 안심하는 사람도 있다. 어떤 사람은 인간은 노력 여하에 따라 성공한다고 믿고 있다. 그렇게 믿음으로써 안심하는 것이다.

여러분은 그것을 어떻게 생각하는가. 이런 것은 어떤 의미에서는 좋은 일이다. 인간은 믿음을 통해 안심할 수 있고 올바른 행동을 하도록 유도된다. 그러나 안 좋은 면도 갖고 있다고 나는 생각한다. 정작한 사람은 결코 불행해지지 않는다고 믿는 사람은 불행에 빠진 사람은 정직하지 않다고 생각하게 되기 때문이다. 인간은 노력 여하에 따라 반드시 성공한다고 생각하는 사람은 실패로 고통받고 있는 불행한 인간을 전부 노력을 충분히 하지 않은 게으름뱅이라고 생각해버린다. 이러한 생각이 이 세상의 불행한 사람들을 죄 없는, 단지 운이 안 좋았을 뿐인 사람으로 보고 모두가 도와서 평화로운 세계를 만들려는 것을 방해하는 것이다.

반대가 없는 감정

두려움이라든가 불안이라는 감정은 인간의 다른 감정과 특별히 다른 점이 있다. 어떤 게 다른지 여러분은 이미 알아차렸을까. 예를 들어 좋다, 싫다라는 감정이 있다. 기쁘다, 슬프다라고 하는 감정도 있다. 이것들과 무섭다, 불안하다라는 감정은 어디가 다른 걸까. 그렇다 이미 여러분들은 알아차렸을 것이다. 다른 감정은 자석에 두 개의 극이 있는 것처럼 극이 있다. 좋아하는 것의 반대편에 싫어하는 것이 있고 기쁜 것의 반대편에는 슬픈 것이 있다. 그런데 두렵다는 감정에는 반대의 극이 없다. 두렵거나 두렵지 않거나 둘 중의 하나이다. 두렵지 않다는 것은 두려움이 제로인 것으로 그 중간에 제로가 있는 게 아니다. 그런데 좋아하는 것과 싫어하는 것 사이에는 좋지도 싫지도 않은 제로의 지점이 있다. 바로 그것이 두려움이나 불안의 감정과 인간의 그 밖의 다른 감정과 가장 다른 점이고 근본적인 차이점이다.

좋아하는 것과 싫어하는 것은 별개의 감정이지만 하나의 쌍으로 합쳐져 있다. 결코 두 개를 제각각 떨어뜨려 놓을 수가 없다. 안심이라는 말은 두려움이라는 말의 반대 같지만 그것은 반대가 아니고 두려움이 없는, 불안이 없다는 의미일 뿐이다. 그것은 두려움을 없애버렸을 뿐인 상태이다. 두렵지 않다는 것은 두려움이 제로라는 의미로 제로를 넘어서 그 반대편에 있는 감정이 아니다. 세상에는 백 퍼센트 안심할 수 있는 것은 없기 때문에 우리는 불안의 많고 적음으로 안심의 상태를 추구할 수밖에 없다.

그런데 좋다, 싫다는 두 개의 별개의 감정처럼 생각되지만 그것은 한 사람 안에 항상 짝을 이루고 있다. 여러분 주변의 사람들을 한번 둘러보라. 여러분은 좋고 싫은 것이 격렬한 사람과 그렇지 않은 사람이 있다는 것을 알아차릴 것이다. 어떤 사람, 어떤 물건을 정신없이 좋아할 수 있는 사람은 싫은 것이 있으면 격렬하게 그것을 미워한다. 엄청나게 좋아하기만 할 뿐 싫어하는 것은 전혀 없는 사람은 결코 찾아볼 수 없다.

반대로 두려움에 대해 생각해보면 두려워하지 않는 사람은 아무것도 두려워하지 않고 두려워하는 사람은 무엇이든 두려워한다.

이해하기 쉽게 설명하자면 인간이 어렸을 때부터 어른으로 커가는 선을 수직선, 그것과 직각으로 교차하는 선을 수평선으로 놓으면, 두려움과 불안은 수직선에 있는 감정이고 그 밖의 다른 감정은 수평선에 있는 감정이라고 생각하면 좋을 것이다.

금지당한 것과 두려움

 귀신 이야기부터 시작해서 두려움에 관해 생각하면서 우리는 여러 가지 것들을 알게 되었다. 그중에서도 중요한 것은 두려움이 인간을 위험으로부터 지켜주는 역할을 하는 개체 보존의 본능과 연결된 감정이라는 사실의 발견이다.

 그런데 인간은 아기 때는 두려움 같은 건 모르는데, 그렇다면 두려움을 어떻게 해서 알게 되는 걸까.

 인간은 위험한 경우에 처해 두려움을 알게 되기도 한다. 경험에 의해 아는 것이다. 나는 어렸을 때 심부름을 갔다가 개한테 물린 적이 있었다. 그 뒤로 오랫동안 개를 무서워했다. 화상을 입은 적도 있었다. 그 뒤로 불이나 끓는 물을 조심하게 되었다.

 하지만 인간은 두려움을 이런 식으로 전부 경험을 통해 아는 것일까. 두려움은 따끔한 맛을 본 뒤에 넌더리가 나서 알게 되는 걸까. 그럴 리 없다. 만약 그렇다면, 인간은 가장 두려운 것, 가장 위험한 사물, 그것과 마주치면 목숨이 없어질 것을 두려워할 수 없게 될 것이다. 그 이유는 생각하면 금방 알 수 있을 것이다. 죽을 수도 있는 위험을 만나기까지 그것을 모른다면 경계할 수가 없기 때문에 분명히 방심해서 그 위험한 것에 의해 죽고 말 것이다. 죽고 만다면 경험은 할 수 없다. 경험으로써 남으려면 살아남지 않으면 안 된다. 경험을 하고서도 살아남았다면 그것은 인간으로서 가장 무시무시한 경험은 아닐 것이다.

거기에서 생각하지 않으면 안 되는 것이 인간이 말을 사용해 가르침을 주고받을 수 있는 동물이라는 사실이다. 다른 동물들 중에도 서로 연락을 주고받을 수 있는 것들이 있다. 무리를 지어서 살아가는 동물은 서로 연락을 주고받으면서 위험을 알려준다. 그러나 인간은 언어를 갖고 있어서 다른 동물들과는 비교도 안 될 정도로 온갖 것들을 서로 가르쳐줄 수 있다. 우리는 한 사람 한 사람의 체험을 통해서가 아니라 주로 부모로부터 가르침을 받아 두려움을 알게 된다.

인간은 교육이라든가 예의범절 같은 것에 의해 두려움을 배우게 된다. 그러므로 어떤 것이 두려운 것이라는 사실을 알게 된다고 해도 실제로 그것이 왜 두려운 것인지 어느 정도 위험한 것인지 모르는 경우가 얼마든지 있다. 그런 것은 여러분도 어렸을 때를 돌이켜보고 주의 깊게 자신을 바라보면 분명히 알 수 있을 것이다.

그렇다면 어떤 식으로 그것을 배우게 될까. 그것은 다른 또 하나의 두려움을 통해서이다. 그러니까 징벌에 의해, 꾸중에 의해서이다. 우리는 이유는 알 수 없지만 여하튼 금지되어 있어서 그것을 하면 꾸중을 듣게 되는 것을 많이 알고 있다.

결국 그 징벌에 대한 두려움이 직접적인 위험의 두려움보다도 우리에게는 더욱 중요한 것이다. 진짜 위험의 두려움보다 위험을 가르치는 징벌 쪽이 두렵다는 것은 왠지 이상한 것 같지만 곰곰이 생각해보면 그렇게 되지 않으면 안 된다는 것을 알 수 있다. 인간은 오랜 옛날부터 사회라고 하는 집단을 만들어서 살아왔다. 사회를 만듦으로써 위험을 피해왔고 사회에 의해 번영해 왔다. 따라서 집단의 단결을 지키기 위한 규칙도 한 사람 한 사람을 위험으로부터 지키기 위해서는 분명히 필요한 것이었다. 그리고 사회의 규칙도 징벌에 대한 두려움에 의해 지켜져 온 것이다.

지금 여러분이 금지된 것을 하고 싶다고 가정하자. 예를 들어 아직 어리지만 오토바이를 타고 싶다. 오토바이를 타고 있는 사람을 보면 멋지고 기분도 좋아 보인다. 그러나 여러분은 학교나 부모님으로부터 오토바이는 위험하니까 타면 안 된다고 금지당하고 있다. 그때 이웃의 형이 "타고 싶으면 타봐" 하고 오토바이를 빌려준다. 자, 여러분의 머릿속에는 무엇이 떠오를까. 오토바이로 달릴 때의 위험일까. 아니면 누군가한테 오토바이를 타는 모습을 보여서 어머니나 아버지의 귀에 들어가고 그로 인해 야단맞지 않을까 하는 생각일까. 나의 상상으로는 위험이 아니라 야단맞는 것에 대한 두려움일 거라는 생각이 든다. 오토바이가 위험하다는 것은 타서 넘어져봐야 비로소 알 수 있다. 타기 전에는 멋있어 보이고 기분 좋아 보이는 것밖에는 머리에 들어오지 않는다. 오토바이를 타다 곤두박질한 사람의 이야기를 들어도 '그 사람은 서툴러서 그런 거야. 나라면 괜찮아' 하고 생각하기 쉽다. 그러므로 징벌에 대한 두려움으로 위험을 회피하게 만들 필요가 생기는 것이다.

중요한 사실이므로 한 번 더 반복하지만 인간은 사회를 만들어 사회 전체로서 자연의 위험을 막으면서 살아왔다. 그리고 한 사람 한 사람에게 직접적으로 자연의 위험이 덮치는 일은 없게 됐지만 사회가 집단으로서 금지함으로써 위험에 다가가는 것들을 막는 게 그 때문에 제 역할을 해왔다. 인간은 사회 속에서 조화를 이루면서 살아가면 안전하지만 사회 밖으로 뛰쳐나가거나 내던져지면 곧 약해진다. 우리의 생명은 사회의 바깥으로 내던져지는 것에 의해 가장 큰 위험에 노출된다. 그렇기 때문에 자연의 규칙보다도 사회의 규칙이 커다란 의미를 가지는 것은 당연하다.

인간이 만든 사회는 가족을 작은 단위로 했기 때문에 옛날에는 가족과 가족 사이는 사회의 바깥과 마찬가지였다. 옛날의 사회는 그런 식으로 작은 그룹이 그물의 줄처럼 결합되어 커다란 그룹을 만들었다. 그것은 한 장의 판과 같은 사회가 아니라 그물의 눈과 같은, 수많은 빈 공간이 있는 사회였다. 그러므로 집 바깥으로 쫓겨나면 사회의 바깥으로 쫓겨나는 것이었다.

여러분이 학교에서 뭔가 금지된 행동을 해서 선생님한테 발각되었다. 그때 선생님한테 야단맞는 것으로 끝난다면 그런대로 괜찮다. 하지만 집에 연락해서 알리는 것은 더 두렵다. 여러분은 그런 경험이 없었을까. 혹시 지금의 여러분들은 집에 연락하는 것을 내가 어렸을 때 느꼈던 것만큼 두려워하지 않을지도 모르겠다. 그래도 두렵기는 할 것이라고 생각한다. 그것은 여러분이 아직 집에서 쫓겨나면 살아갈 수 없다는 불안을 갖고 있기 때문이다.

약간 옆길로 빠진 것 같지만 인간의 경우는 자연의 위험과 두려움이 결합되는 것보다는 그것을 우리에게 가르치기 위한 징벌과 두려움이 결합되어 있다는 것을 알게 되었다면 그것으로 충분하다.

징벌과 불안과

우리는 위험이 어떤 것인지도 아직 모르던 어렸을 때에 징벌에 의해 그것에 다가가지 않도록 교육을 받았다. 저걸 하면 안 돼, 이걸 하면 안 돼 하고 금지 당했다. 그러나 어째서 그걸 하면 안 되는지는 가르쳐주지 않는다. 가르쳐준다고 해도 아직 이해하지 못하기 때문이다. 단지 어떤 행동을 하면 어머니나 아버지한테 야단맞는다는 것만은 안다. 결국 온갖 종류의 위험에 대한 두려움을 대신하는 것은 어머니나 아버지한테 야단맞는다는 두려움이다. 특히 아버지가 두려움을 대표하고 있다. 일반적인 가족은 그렇다.

어렸을 때는 벌이 무서우니까 금지된 것은 하지 않는다. 하지만 징벌을 받지 않으면 자신이 하고 싶은 것을 한다. 맛있는 것이 있으면 자기가 먹어도 되는 것인지 확인도 안 하고 먹기도 한다. 형이 없을 때 형의 과자를 먹어버리기도 한다. 나중에 형한테 얻어맞는 쓴맛을 볼 위험도 모르는 채로 말이다.

그러나 점차로 이런 행동은 금지되어 있어서 만약 그런 행동을 한다면 벌을 받는다는 것을 납득하게 되면 그런 행동을 안 하게 된다. 그러나 인간은 징벌이 두려울 뿐이라서 금지된 것을 하지 않는 걸까. 벌을 받지 않는다는 것을 알면 어떤 나쁜 짓도 해치울 수 있게 될까. 그렇지 않다.

일정 연령까지 이렇게 벌에 의해 금지된 것들을 익히게 되면 벌과는 상관없이 인간은 스스로해서는 안 되는 행동을 하지 않게 된다. 양심이라고 하는 것이 마음속에 만들어지게 되는 것이다.

예를 들어 아무도 보지 않는 장소에서도 금지된 것은 하지 않게 된다. 결코 다른 누군가한테 들킬 염려도 없고 절대로 벌을 받지 않으리라는 걸 알아도 금지된 것은 하지 않게 된다. 외부로부터 벌을 받을 두려움이 문제가 아니라 자신의 마음속에 또 하나의 자신이 만들어져서 그것이 금지하게 만든다. 그러므로 세상에서 벌이 없어진다고 해도 갑자기 모든 인간이 전부 나쁜 짓, 금지된 것을 하지는 않는다.

사형이 없어지면 세상에 범죄가 엄청나게 늘어날 것이라고 걱정하는 사람도 있지만 대부분의 인간은 사형이 두려워서 나쁜 짓을 안 하는 것이 아니다. 그런 것과는 상관없이 법률을 지키고 있다. 사형이라고 하는 징벌보다도 어렸을 때부터의 예절과 교육 쪽이 세상의 범죄를 줄이는 데 훨씬 유효하고 중요한 것이다. 그런 사실을 여러분도 잘 알아두기 바란다.

우리는 이렇게 위험에 대해 직접적인 경험을 통해 아는 것이 아니라 징벌에 의해 배우기 때문에 두려움의 대상은 점차로 흐릿한 것, 그러니까 불안이 되어 간다. 어머니나 아버지한테 야단맞을 거라는 징벌에 대한 두려움이 점차로 잊혀지고 스스로 자신에게 금지를 가하게 됨에 따라 대상이 없는 두려움, 즉 불안이 우리의 마음속을 침투하게 된다.

나는 앞에서 인간에게는 살아 있는 한 위험이 없어지지 않는다, 따라서 무언가를 두려워하지 않으면 안 된다고 말했지만 그 불안과 이 죄에 대한 불안은 원래는 별개의 것이었다. 그러나 인간의 마음속에서 이 두 가지는 아무래도 결합되어 버린다. 나쁜 행동을 해서 자신의 양심에 의해 벌을 받아 불안해지는 것이라면 원인과 결과의 관계가 확실히 보인다. 그러나 인간은 왠지 모르게 불안해질 때, 혹시 자신이 나쁜 짓을 한 것은 아닐까 하고 결과로부터 원인을 더듬어 가려 한다. 그것이 이 두 가지 불안이 연결되는 증거이기도 하다.

여러분은 어른들이 불행한 일이 계속해서 일어나면 뭔가 신의 저주를 입은 게 아닐까 하고 걱정하는 모습을 틀림없이 보았을 것이다. 그런 신의 저주를 걱정하는 사람은 지금도 상당히 있다. 그것은 불행을 만나 불안해진 인간이 자신도 모르는 사이에 저지른 어떤 것에 대한 벌 때문에 그렇게 된 것이 아닐까 하고 생각하기 때문이다.

인간이 지금까지 만들어온 미신은 실은 이런 식으로 만들어진 것이 많다. 그리고 지금도 우리는 이런저런 불행을 만나 불안해지면 무언가 신의 저주가 내렸다고 생각하기 쉽다. 특히 다른 사람들로부터 그런 말을 몇 번이고 듣게 되면 정말로 그런 것 같은 기분이 든다.

20세기가 되고 달까지 로켓이 왕복하게 되었지만 아직도 터무니없는 미신이 없어지지 않는 것은 마음속 깊숙한 곳에 있는 불안이 어떤 것인지 인간이 아직 잘 모르기 때문이다.

04 | 삼십육계
줄행랑이 상책

귀신을 만났을 때

무서운 것을 만났을 때 여러분은 어떻게 할까. 예를 들어 만약에 귀신을 만났다면 여러분은 어떻게 할까.

너무 무서우면 온몸에 힘이 빠져 꼼짝도 못할 것이다. 옛날부터 놀라서 그 자리에 털썩 주저앉았다는 사람의 이야기는 많이 들어왔다. 주저앉는 것은 무섭다기보다는 놀랐기 때문이다. 예상치 못한 충격으로 마음이 혼란스러워져 몸에 마음이 명령을 내리지 못하는 상태인 것이다. 한낮이라도 멍하니 있다가 갑자기 허를 찔리면 깜짝 놀란다. 누군가가 숨어 있다는 것을 알고 있으면 갑자기 튀어나오더라도 움찔하는 일은 없다. 밤에는 아무리 신경을 집중하고 있어도 충분히 주의를 기울일 수가 없으므로 지극히 사소한 것에도 놀란다.

놀람은 어떤 것이 너무도 예상 밖으로 나타나서 그것이 위험한지 아닌지 판단할 수 없으므로 어떻게 해야 좋을지 모르는 당혹감이다.

두려움과 놀람에는 이런 차이가 있다. 이 사실을 기억해두는 것도 좋을 것이다.

그런데 갑자기 무서운 것을 만나서 깜짝 놀라고 그 놀람이 진정될 때 여러분은 어떤 것을 느낄까. 솔직하게 말해야 한다.

여러분은 우선 그 자리에서 벗어나고 싶다는 기분이 든다. 그것이 도주 충동이라고 부르는 것이다. 뒤도 안 돌아보고 전속력으로 도망치고 싶다. 모든 걸 다 내팽개치고 도망치고 싶다. 그렇게 느끼긴 해도 실제로 도망치지는 않겠지만 그런 충동은 누구라도 느낄 것이다.

어렸을 때 나도 밤에 심부름을 다녀오라는 말을 들으면 인적이 없는 컴컴한 길을 가야 한다는 게 겁이 났다. 그럴 때 나는 "귀신 따위 나올 리 없어. 나오면 해치울 거야. 깨물 거야. 귀신 따위 무섭지 않아" 하고 허세를 부리면서 집을 나섰다. 하지만 절과 숲 사이로 나 있는 길 가까이에 가자 내 기운은 점점 움츠러들었다. 나는 노래를 잘 못 불러서 평소에는 싫어했지만 기운을 내기 위해서 그럴 때 있는 힘껏 목소리를 높여 노래를 불렀다. 내가 노래를 부른 것은 혼자 밤길을 갈 때와 변소 안에 있을 때 정도였다. 그러나 목소리가 떨려서 내가 생각해도 꼴불견이라 그만뒀다. 그리고 정신을 차리고 보니 어느새 내 발걸음이 평소보다 두 배나 빨라졌다는 것을 알았다. 다리는 이미 뛰고 싶어서 근질근질하고 심장도 두방망이질을 쳤다. 뭔가 사악, 휘익 하는 소리가 났더라면 금방이라도 펄쩍 뛰어오를 만큼 놀랐을 것이다. 자신의 모든 신경이 바깥을 향해 있고 경계 태세에 들어가 있다는 것이 느껴졌다. 그때는 이미 귀신과 맞붙어 싸우겠다는 생각은 사라졌고 뭔 일이 생기면 도망치겠다는 생각만 머릿속에 가득했다.

이렇게 쓴 걸 보고 여러분은 내가 상당한 겁쟁이라고 생각할지 모르겠다. 하지만 사실 난 대담한 편이었고 싸움에서도 진 적이 없을 정도로 힘이 센 편이었다. 그렇지만 나 자신 안으로 도망치고 싶다는 충동이 이는 것을 확실히 느낄 수 있었다.

이 도망치고 싶다는 충동의 강도는 두려움의 크기에 비례한다고 보면 될 것이다. 도망치고 싶다는 충동을 일으키는 것이, 두렵다고 하는 감정이라고 해도 좋을 정도로 이 감정과 충동은 강하게 연결되어 있다.

도망치는 것은 무척 비겁한 일처럼 생각하기 쉽다. 그러나 도망친다는 것은 자연 속에서 살아가는 동물들에게는 자신의 안전을 지키기 위해 무엇보다도 중요하고 유효한 수단이다. 엄청나게 힘이 세서 싸우면 이기는 게 자신의 안전을 지키기 위한 가장 확실한 방법이라고 생각할지 모르겠지만 실제로는 그게 가장 어렵다. 강해짐으로써 안심하고 싶다는 기분은 누구에게나 있다. 그것을 원망願望이라고 한다. 그러나 생각해보면 금방 알겠지만 강해짐으로써 안심하기 위해서는 이 세상에서 최고로 강하지 않으면 안 된다. 어떤 동물이든 태어날 때는 아기이고 아기 때부터 최고로 강한 동물 같은 건 있을 리가 없다. 자신보다 강한 동물이 있는 한 항상 도망치지 않고 싸우려는 본능밖에 없다면 몇 번 그러는 동안 자신이 죽을 차례가 반드시 올 것이다. 이래서는 자신의 안전을 지키지 못하게 된다.

그 반대로 공격을 위한 무기, 날카로운 이빨이나 뿔 같은 것이 없더라도 그저 도망치기 위한 빠른 발만 갖고 있어서 이 지상에서의 생존경쟁에서 살아남은 동물이 얼마나 많은지 알수 없다. 그런 사실은 이 지상에 있는 동물들을 한번 둘러보면 금방 알 수 있다. 약육강식의 냉혹한 원칙이 지배하는 자연에서, 약해서 그저 도망치는 것밖에는 잘하는 게 없는 동물이 엄청나게 많이 살아남아 있고, 힘이 세고 무시무시한 이빨과 뿔을 가진 동물이 멸종의 위기에 놓여 있다.

그런 자연을 보더라도 여러분은 도망치는 것이 동물에게 최대의 무기라는 것, 그리고 가장 지혜로운 방위법이라는 사실을 알 수 있다. 옛날의 속담은 이렇게 말한다. '삼십육계 줄행랑이 상책.' 여러분도 이 속담을 알 것이 틀림없다. 이 속담은 실로 심오한 진리를 표현하고 있다. 겁이 많고 그저 빨리 도망칠 수 있는 토끼의 커다란 귀와 뒷다리는 세계에서 가장 약한 동물을 성공적으로 살아남게 만든 최대의 무기이다. 어떤가, 여러분도 이제부터는 부끄러워하지 않고 당당히 도망치는 게 어떨까.

자연 속에서는 동물의 하나에 지나지 않는 인간의 마음속에 도망치고 싶다는 충동이 강하게 남아 있다는 건 이상한 게 아니다. 게다가 인간은 도구도 무기도 갖고 있지 않은 상태에서는 결코 다른 동물에 비해 강하지 않기 때문이다.

감정과 충동

두렵다는 감정과 도망치고 싶다는 충동이 본능 속에서 서로 연결되어 있다는 사실을 이제 여러분도 잘 알았을 것이다.

그런데 여기에서 여러분은 감정이라고 하는 마음의 움직임 외에도 또 하나의 마음의 움직임인 충동이라는 것과 만나게 되었다.

도망치고 싶다, 때려주고 싶다, 먹고 싶다, 마시고 싶다, 이렇게 마음속에서 뭔가를 하고 싶다고 느끼게 하는 게 충동이라고 하는 것이다. 그리고 이러한 충동은 어떤 일정한 감정과 연결되어 있다. 바로 앞에서 우리는 그 연결고리를 두려움과 도망치고 싶다는 충동의 연결에서 확인했다. 두려움이 크면 도망치고 싶다는 충동도 강하다. 두렵다는 감정이 없어지면 도망치고 싶다는 충동도 자연히 가라앉는다. 두렵다는 감정이 가장 확실하게 위험을 피하는 본능과 연결되어 있다고 내가 말했지만 감정과 충동이 실로 절묘한 방식으로 조합되어 있다는 것을 느꼈을 것이다.

화가 났을 때는 때려주고 싶다, 해치우고 싶다고 느낀다. 배가 고플 때는 먹고 싶어진다. 슬플 때는 울고 싶어진다. 감정과 충동은 이런 식으로 짝을 이루고 있다.

그러나 두 개가 하나의 짝을 이루고 있더라도 떼려야 뗄 수 없는 하나는 아니다. 그 정도로 강하게 결합되어 있지는 않은 것이다. 종이의 앞뒷면과 같은 것은 아니다.

이렇게 도망치고 싶다는 충동 그 자체가 두렵다는 감정과 같은 것이라고 생각하는 사람도 있지만 그것은 틀린 것이다. 인간의 마음은 눈에 보이지 않고 자로도 잴 수 없기 때문에 눈에 보이는 것밖에는 믿을 수 없다고 하는 극단적인 심리학자들은 실제로 그렇게 생각하려 한다. 그리고 도망치는 것은 측정할 수 있으므로 그것으로 두렵다는 감정을 측정하려 한다. 확실히 그렇게 하면 감정을 숫자라는 양으로 나타낼 수 있기 때문에 마음을 사물로서 측정하려는 사람들에게는 안성맞춤일 것이다. 그러나 그것은 너무도 성급하다.

그것은 여러분이 두렵다고 느낄 때 자신의 마음을 다시 한 번 확인해보면 된다. 다른 동물이라면 두려우면 도망친다는 단순한 연결밖에는 없을지 모른다(실제로 그렇지는 않지만). 그러나 여러분은 인간이다. 도망치고 싶다는 충동을 느끼면서 동시에 '이 상황에서는 도망치면 안 돼' 하는 기분이, 감정과 충동 가운데서 분열되는 것을 느낄 게 틀림없다. 여러분의 마음에는

'도망친다는 건 겁쟁이야.'

'나를 겁쟁이라고 다른 사람들이 생각하면 어떻게 하지.'

이런 말들이 떠오르면서 도망치고 싶다는 충동을 강하게 억제한다. 결국 감정과 충동 사이에는 그러한 별개의 것이 끼어들어 두 개를 떼어놓아 간격을 만든다. 그러한 사실을 통해서도 감정과 충동이 하나의 짝을 이루고 있기는 해도 별개의 것이라는 사실을 알 수 있다. 그뿐 아니라 이 도망치고 싶다는 충동은 두렵다는 감정만큼 강하지는 않지만 다른 감정과 결합되어 다른 짝을 이루는 경우도 있다. 창피하다는 감정이 그렇다. 창피를 당했을 때 그 자리에 있기 괴롭다, 도망치고 싶다는 충동은 여러분도 경험으로 느낀 적이 있을 것이다.

동물도 사실은 두렵기 때문에 꼭 도망치는 것은 아니다. 도망치려 해도 도망칠 수 없는 경우 갑자기 적을 향해 방향을 틀어 공격을 한다. 또 새끼가 있는 경우 새끼를 달아나게 하기 위해 부모는 도망치고 싶은 충동을 억누르고 공격한다.

인간의 경우에는 그것이 좀 더 떼어내기 쉽게 되어 있을 뿐이다. '얼굴은 웃고 있지만 가슴속으로는 울면서' 같은 노래 가사도 있지만 슬픈 감정과 울고 싶은 충동 사이에는 금이 있다는 것은 이런 노래 가사에도 나타나 있다.

인간은 실제로는 도망치지 않는다

도망치고 싶은 충동을 느껴도 인간이 실제로 도망을 치는 경우는 많지 않다. 무서운 것을 피하고 안전을 발견하기 위한 방법을 많이 알고 있고 오히려 도망을 치는 게 더 위험한 경우도 있다는 것을 알기 때문이다.

그러나 인간이 실제로 부리나케 도망치지 않는다고 해서 도망치고 싶은 충동이 없어졌다고 생각한다면 착각이다. 도망치는 것은 용기 없는 겁쟁이가 하는 행동이라고 생각해 도주의 충동이 꽁꽁 묶여 있지만 그래도 결코 사라진 것은 아니다.

그 증거로 우리는 꿈속에서 자주 도망친다. 인간은 온갖 종류의 꿈을 꾸지만 그중에는 도망치는 꿈이 엄청나게 자주 나타난다. 여러분도 깨 있을 때는 도망치는 것은 비겁하다고 생각하고 있겠지만 도망치는 꿈을 상당히 많이 꿨을 것이다. 뱀이라든가 개 같은 동물이나 무서운 어른 등에게 쫓겨 필사적으로 도망치는 꿈을 꾼 적이 없는 사람은 여러분 중 한 명도 없을 것이다. 이런저런 곳에 숨어 보지만 곧 발각될 것 같아 뛴다. 어떨 때는 도망치고 싶지만 발이 움직이지 않아 도저히 도망칠 수 없다. 아, 잡힐 거야, 더 이상 못 가겠어, 하고 생각하는 순간 눈이 떠지는 경우도 있다. 눈을 떠보면 온몸이 땀에 흠뻑 젖어 있다. 그런 꿈을 나 또한 자주 꾸었다. 그런데 그 반대로 쫓아가는, 뭔가를 붙잡으려는 꿈은 별로 안 꾼다. 아니꼬운 사람을 쫓아가 막 붙잡으려 하는데 잠이 깨는 그런 꿈은 별로 들어보지 못했다.

현실에서는 도망칠 수 없는 인간의 마음에 도주 충동이 강하게 남아 있다는 증거를 아이들의 놀이에서 발견할 수도 있을 것이다. 아이들은 놀이를 통해 본능적인 욕구를 만족시키거나 본능적인 활동을 훈련하지만 무엇보다도 많은 것은 도망치거나 숨는 것이다. 아이들은 온갖 놀이를 생각해내는데 천재지만 어른들의 놀이는 돈은 많이 들어도 내용은 빈약하다.

그런데 그 천재가 생각해내는 놀이는 본능적인 것에 의한 게 많다. 숨바꼭질이나 술래잡기는 세계 어느 나라에 가도 아이들의 놀이에 반드시 있다. 어렸을 때 누구나 반드시 했던 놀이다. 그리고 다른 놀이도 숨바꼭질이나 술래잡기를 기본으로 해서 만들어진 것이 많다. 아기가 놀이를 배우기 시작할 때쯤 많이 하는 것이 '없다, 없다 까꿍'인데 거기에도 도망치고 숨는다는 놀이의 기본이 들어 있다.

영화나 티브이에도 도망치고 숨으면서 사람들을 조마조마하게 만드는 내용이 많다. 그저 그것만으로도 재미있다. 게다가 벌써 몇 번이나 되풀이했는지 모르는데도 인간은 거기에 싫증을 내지 않는다. 그리고 그것을 보고 있을 때 여러분은 어느새 도망치는 인간이 된 듯한 기분으로 가슴을 졸인다. 앗, 들켰어, 하고 여러분은 소리쳐서 숨어 있는 사람한테 알려주고 싶은 기분조차 들지 않는가. 도망치는 게 아무리 괘씸한 도둑이라 해도 쫓는 사람의 기분이 되어, 저기야, 빨리 찾아, 붙잡아 하는 기분은 들지 않는다. 혹시 그럴 때가 있다고 하더라도 쫓고 있는 사람이 반대로 숨어 있는 악당에게 공격당할 것 같은 경우일 것이다.

인간은 사회생활을 하고 있기 때문에 현대에는 뛰어서 도망칠 일은 실제로 없고 불필요하기도 하다. 그 대신 다른 행동을 도망친다는 말로 표현한다. 예를 들어 어떤 일에 정면으로 맞부딪치지 않을 때 도망친다고 말한다. 이런 표현은 어느 한 나라에서만 통용되는 것이 아니고 세계 어느 나라고 그러한 표현이 있다.

도망치는 것은 정말로 비겁할까

우리는 도망치는 걸 비겁하다고 말한다. 또 그렇게 생각하고 있다. 그것이 우리들을 도망치는 것을 멈추고 두려운 것과 싸우려는 충동을 불러일으킨다. 물론 이 충동도 인간의 자기 방어 본능과 연결되어 있다.

하지만 그 충동이 무턱대고 튀어나온다면 오히려 위험하다. 도망치려 해도 도망칠 수 없을 때, 싸우지 않는다면 죽음을 기다리는 수밖에 없다. 그때 싸우려는 강한 충동이 일어난다. 싸우면 반드시 이긴다고 할 수는 없지만 그래도 상대를 약간 움찔하게 만들어 도망칠 기회를 찾을 수 있을지도 모른다. 확실히 도움이 된다고 할 수는 없지만 앉아서 죽음을 기다리는 것보다는 낫다. 약한 동물이 자신보다 강하다는 걸 알고 있는 동물과 싸우는 것은 실은 도망칠 방법을 찾기 위해 그것이 필요하기 때문이다. 그것이 자연의 약한 동물에게도 싸움의 충동을 부여한 이유 중의 하나이다. 자연의 지혜 중 하나라고도 할 수 있다.

그런데 인간은 사회생활을 하고 있기 때문에 자연의 적과 만나 도망치거나 싸울 일은 없다. 그런 오랜 옛날부터의 충동을 그대로 행동으로 나타내야 할 일은 거의 없어졌다. 그래서 사회생활에 맞추어 최초의 충동을 억누르고 다른 목적으로 향하는 충동이 일어난다.

여러분이 학교에서 돌아오는 도중 친구를 괴롭히는 아이를 봤다고 하자. 상대는 강해 보인다. 왠지 무서운 느낌이 든다. 그때 자신의 마음속에 떠오르는 충동을 여러분은 응시해야 한다. 여러분과 같이 있는 사람이 아무도 없다면 여러분은 조금 돌아가더라도 다른 길을 통해 가고 싶을 것이다. 상대하지 않는 게 영리한 것이다.

그러나 여러분이 알고 있는 친구와 함께라면 어떨까. 그 친구한테 비겁자로 보이는 게 싫은 경우라면 여러분은 모르는 척하고 그 짓궂은 아이가 있는 길을 지나갈 거라고 생각한다. "너는 겁쟁이니까 저 녀석이 있는 데로 가지 않을 거지" 같은 말을 그 친구한테서 듣는다면 더 한층 다른 길로 가기 힘들게 된다. 상대방한테 이길 자신이 없더라도 어떻게 해서든 상대를 향해 마주하지 않으면 안 된다는 기분이 마음에서 일어난다.

이런 일은 상상해보면 알겠지만 실제로도 이와 비슷한 경험을 한 사람이 많을 것이다. 그때 여러분의 마음속에서 일어난 일을 도식화해서 생각해 보라. 먼저 상대가 무섭다는 감정이 일고 그것이 여러분에게 도주 충동을 일으킨다. 그러나 도망치면 비겁하다, 겁쟁이라는 말을 듣는다. 다른 친구들한테 경멸당하는 것에 대한 두려움이 동시에 여러분의 마음에 생겨난다. 그 두 번째 두려움이 여러분의 도주 충동을 억누르고 다른 반대의 행동으로 나아가게 한다. 두려운 것에 도전하게 만드는 충동을 일으키는 것이다.

　나는 앞서 두려움의 두려움이라는 이야기를 했다. 거기에서 징벌의 두려움에 관해 설명했다. 자연의 위험이 가져오는 직접적인 두려움과 징벌의 두려움에 의해 배운 두려움에 대해 여러분에게 이야기했다. 인간은 혼자서 자연과 마주하지 않고 사회라고 하는 그룹을 만들어 전체로서 자연과 마주하고 있다. 사회의 통합은 그룹으로서 자신을 지키기 위해서 필요하다. 그러므로 그 통합을 만들기 위해 어떤 규칙이 필요하게 된다. 그리고 그 규칙은 벌의 두려움에 의해 가르쳐진다. 그 규칙은 한 사람 한 사람의 직접적인 위험과는 관계가 없다. 그러나 그것이 깨져 통합이 무너지면 사회 전체가 위험에 노출된다. 그것은 그 안에 속한 한 사람 한 사람을 간접적으로 위험에 빠뜨리게 된다. 그러나 사회의 규칙 중에는 사회의 환경이 변해 처음에는 의미가 있었지만 이제는 아무런 의미도 없는 경우가 있다. 하지만 그렇다 해도 규칙은 규칙으로서 남아 있다.

여러분이 친구를 괴롭히는 아이 앞에서 느꼈던 두 개의 두려움은 하나는 자연의 두려움이고 또 하나는 사회로부터 벌을 받아 따돌림을 당하게 되는 것의 두려움이다. 그리고 거기에서 두 개의 두려움이 서로 싸우게 되었다. 둘 중 어느 쪽이 이기느냐에 따라 그것과 연결된 충동이 행동이 되어 모습을 나타내게 되는 것이다. 그것을 자연 그대로의 인간의 본능과 사회를 만든 인간의 본능의 싸움으로 볼 수도 있을 것이다.

도망치지 않고 싸우려는 마음은 우리가 사는 사회에서는 용기라는 이름으로 불린다. 그리고 도망치고 싶은 마음을 비겁이라든가 겁쟁이라고 부른다. 우리가 사는 사회는 앞의 충동을 훌륭하다고 생각하고 뒤의 충동을 가치가 낮다고 본다. 그러나 이렇게 마음속을 들여다보면 단순히 좋다든가 나쁘다든가로 정리해버릴 수 없다는 것을 알 것이다. 용기나 비겁함은 인간한테만 문제가 되는 가치, 사회적 가치이다.

다소 삐딱하게 보자면 인간의 자연의 본능에서 나온 충동은 강하다. 그대로 방치하면 인간은 두려운 것과 만나면 전부 도망쳐 버릴 것이고 사회는 무너지고 만다. 사회라고 하는 그룹 전체로서 자신들을 지킨다는 것은 불가능할 것이다. 따라서 그 강한 자연의 충동을 이기기 위해 도망치지 않고 싸우려는 충동을 용기라고 불러 격려하고 도망치려는 충동을 비겁하다고 불러 억제할 필요가 있다.

여러분이 바다의 외딴 섬에 홀로 표류해 생활한다면 두려운 것으로부터 도망쳐 자신을 지키는 행동은 당연하다고 여길 것이다. 반대로 자신의 행동이 다른 인간들이 주의 깊게 지켜보고 있다는 것을 느끼면 멋지게 용기가 있는 것처럼 행동하지 않으면 안 된다고 느낀다. 그 차이가 생겨나는 것은 당연한 일이다.

이렇게 해서 용기라고 하는 것이 어떠한 이유에서, 어떠한 경우에, 무엇을 목적으로 한 것인지를 생각하지 않으면, 우리는 종종 쓸데없이 위험에 노출되고 말 것이다. 우리를 의미 없는 위험에 노출시키고 무리하게 만들고 어리석은 짓을 하게 만든다. 때로는 겁쟁이라고 불려도 좋으니 현명하게 도망쳐서 위험을 피하는 편이 훨씬 강한 마음의 힘을 필요로 할 때도 있다. 그런 사실을 여러분들은 잘 판단해야 한다.

용기가 사회적인 가치를 지닌다는 말은 옛날의 사회에 무사나 농민이나 상인 같은 계급이 있었던 시대, 무사는 당연히 용기가 있어야 한다는 것이 요구되었던 것을 보면 알 수 있다. 무사는 겁쟁이라고 불리는 것을 죽음보다도 두려워했다. 비슷한 경우에 처했을 때 상인이라면 도망치는 것이 당연한

데 무사는 도망치지 못하고 스스로 죽음을 택하지 않을 수 없었다. 이렇게 해서 사소한 이유 때문에 무사의 체면을 지키기 위해 서로 살생을 벌여 죽은 사람이 얼마나 많았는가.

이렇게 생각해보면 알 수 있듯이 전부가 다 그랬다고는 말할 수 없지만 용기라는 것도 실은 두려움의 일종으로 볼 수 있을 것이다. 사회로부터 벌을 받는 것에 대한 두려움이 용기 있는 행동으로 불리는 쪽으로 사람들을 몰아대는 것이다. 결국, 두려움에도 두 종류가 있다. 자연 그대로의 인간의 두려움과 사회적 인간으로서 가지는 두려움이다. 사회와 개인이 항상 똑같은 적을 갖고 있다면 문제는 없겠지만 때로는 사회가 개인에게 적이 되는 경우도 있다. 거기에서 한 인간 안에 두 개의 충동이 대립되는 일이 생겨나게 된다.

이에 대해서는 다른 데서 다시 한 번 생각해보지 않으면 안 될 것 같다.

나는 예전에 군인이 되기 위해 학교에 잠깐 동안 있었던 적이 있다. 그래서 알게 되었지만 어느 나라의 군대든 도망치는 것은 병사들에게 가르치지 않는다. 이상한 일이다. 도망치는 것은 본능에 따라 하면 된다는 것일까. 사회적으로도 도망치는 것이 의미 있는 경우는 얼마든지 있다고 생각되는데 말이다. 헛되이 생명을 버리지 않기 위해 산다는 것은 사회적으로도 중요하다고 여러분은 생각하지 않는가.

나는 여기에서 잠시 여러분이 도망치는 것의 의미를 생각해보기 바란다.

05 | 아프면 손을 움츠린다

바늘을 쿡 찌르면

여러분 앞에 누군가가 멍하니 서 있다. 이런 일은 실제로는 그다지 하고 싶지 않은 일이지만 알아채지 않도록 그 사람의 축 늘어진 팔을 바늘로 쿡 찌르면 그 사람은 어떤 반응을 보일까.

그가 상당히 멍한 상태라면, 그리고 여러분이 아주 살짝 쿡 찔렀을 뿐이라면 손을 움찔하고 말 것이다. 손을 바늘에서 떼도록 움직일 것이다. 좀 더 아프게 찌른다면 상대는 작은 목소리로

"아야"라든가

"앗"

하고 소리 지르며 손을 움직일 것이다.

그는 통증을 느낀다. 그 통증이 감각이라고 부르는 것의 하나이다. 뜨겁다든가 차갑다든다, 밝다든가 어둡다든가, 촉감이라든가, 맛이라든가, 냄새라든가 인간은 실로 다양한 종류의 감각을 지니고 있다.

감각도 마음의 한 가지 작동 방식이지만 마음이 외측의 세계와 접하는 경계라고 표현하는 것도 가능하다. 감각에 대해서만도 수십 권의 책을 쓸 수 있을 만큼 쓸 게 많지만 가급적 표면에서 마음속을 들여다보려 하는 우리는 감각에만 구애될 수는 없다.

여기에서 이야기를 바늘로 쿡 찔린 손 쪽으로 다시 돌려보자. 찔린 사람은 "아얏" 하고 소리치면서 손을 움츠렸다. 사실은 내가 이렇게 쓰면 통증을 느껴서 손을 움츠린 것처럼, 그러니까 시간적으로 아프다고 느낀 것이 먼저고 손을 움츠린 것이 뒤라고 생각할지도 모르지만 그것은 거의 동시에 일어난다. 아프다고 느꼈을 때는 이미 손을 움츠리는 운동이 시작된 뒤이다.

이 운동에는 확실한 목적이 있다는 것을 알 수 있다. 통증의 원인이 된 것으로부터 몸을 멀리 떼어놓으려는 목적이 있는 것이다. 인간의 개체 보호와 연관된 운동이라고 말할 수 있다. 그러나 이 운동은 우리가 돌을 연못이나 바다의 표면에 던져 물수제비를 뜰 때의 돌처럼 마음의 표면을 스쳐 지나갈 뿐이다. 이 운동을 반사운동이라고 부르는데 무척 빨라서 바늘로 찌른 것과 거기에서 멀리 떨어지려는 운동의 사이에는 우리의 마음의 움직임이 들어갈 여지가 거의 없다. 순간적으로 무의식중에 행해지는 운동이다.

그러므로 자고 있는 사람의 손을 바늘로 찔러도 손을 움츠리는 운동은 일어난다. 여러분은 여름에 자다가 모기에 물린 데를 벅벅 긁고 있는 사람을 본 적이 있을 것이다. 그것도 반사운동의 하나이다.

인간에게는 이러한 반사운동이 셀 수 없이 많다. 그리고 그것은 마음속이라기보다는 몸속에 짜여져 있다. 이 반사운동을 전쟁을 하고 있는 군대에 비유하면 적으로부터 최전선에 공격이 가해지면 그 자리에서 바로 응전하는 것과 동시에 사령부에 보고하는 것과 같은 것이다. 보고가 도착했을 때는 이미 전투가 끝나 있는 경우도 있다. 우리의 감각이란 것은 이 본부로 보내진 보고와 같다. 아프다고 느꼈을 때 손은 이미 반사운동으로 움직이고 있다.

반사운동이 한 가지 목적을 갖고 이루어지는 것을 보면, 게다가 무의식중에 이루어지는 것을 보면 자연의 지혜라고 부르고 싶어진다. 그러나 이 운동은 짜여진 대로밖에는 움직이지 않는다. 따라서 원래는 목적에 맞게 되어 있지만 경우에 따라서는 적당치 않은 경우가 생기기도 한다.

자연 그대로 살아갈 때는 아픈 것은 인간에게 위험하다고 믿고 있어도 상관없었을 것이다. 그러나 인간이 문명사회를 만들게 되자 아픈 것이 전부 인간에게 위험하다고는 말할 수 없게 되었다. 예를 들어 주사는 피부에 바늘을 찌르는 것이므로 아프다. 아프긴 해도 병을 낫게 하기 위해서는 필요하고 그것에 의해 인간을 병의 위험으로부터 멀어지게 해준다. 주사를 맞을 때 여러분은 어떻게 하는가. 아프다는 것은 알고 있다. 그리고 아파도 움직이지 않겠다고 마음먹고 있다. 그렇게 하면 모르고 있다가 바늘에 찔릴 때와 다르게 반사적으로 팔을 움츠리지 않고 끝낼 수 있다. 팔을 자칫 잘못 움직였다가 바늘이 몸 안에서 구부러지기라도 한다면 더 위험해질 수 있다.

여기에서 여러분은 재미있는 것을 알아챘을 것이다. 반사운동은 의식하면 억제되고, 무의식중에는 잘 드러난다는 사실이다.

서부극에서 악당이 지는 것은 왜일까

이러한 반사운동에는 타고난 것과 태어난 뒤에 나중에 만들어진 것이 있다. 그러나 감각이 한몫하고 있는 것이 특징이다. 태어난 뒤에 만들어진 반사운동은 조건반사라고 한다.

여기에서 반사운동에 대한 좀 더 자세히 이야기해보기로 하겠다. 아래 그림 A의 세 개의 교차로 같은 그림을 보기 바란다. 바늘이 손을 찌른다. 이것을 자극이라고 부른다. 꼭 바늘이 아니어도 괜찮다. 꼬집거나 망치로 친다고 해도 상관없다. 그것이 신경을 타고 위쪽으로 올라간다. 거기에서 이 세 교차로의 교차점에서 만난다. 신경에 전달된 자극은 거기에

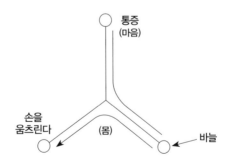

[그림 A]

서 둘로 갈라져 하나는 곧바로 반사운동을 일으키는 운동신경으로 갈아탄다. 그리고 손에 바늘이 찔린 것이라면 손을 움츠리는 운동을 하게 만든다. 갈라진 다른 하나는 뇌 쪽으로 올라간다. 그리고 아프다고 하는, 감각이라고 불리는 마음의 움직임을 일으킨다.

이것이 인간의 타고난 반사운동이다. 예를 들어 눈썹에 물체가 닿으면 눈을 감는 반사라든가, 코에 이물질이 들어오면 재채기를 하는 반사라든가, 기관지에 뭔가가 들어오면 기침을 하는 반사라든가 열거하자면 셀 수 없을 정도로 많다. 그러나 이러한 타고난 반사만이 반사가 아니라는 것은 이미 말했다. 그것이 조건반사다. 그림 B를 보라. 그림 A에 그려진 세 갈래 교차로 같은 형태가 그림 B에서는 가장 위쪽에 몇 개나 나란히 있다.

하나의 반사, 예를 들어 Ⅱ를 일으키는 것과 농시에 그 반사와 전혀 관계가 없는 자극을 준다. 그것을 몇 번이고 되풀이하게 되면 Ⅱ의 반사의 자극이 없어도 다른 자극 예를 들어 Ⅰ의 자극으로도 Ⅱ의 운동이 일어나게 된다. 벨 소리가 들리면 동물은 귀를 쫑긋 세운다. 이것이 Ⅰ의 반사이다. 그것과 동시에 먹을 것을 입에 넣어준다. 그러면 침이 생긴다. 그런데 두 개는 연관이 없는 별개의 반사이지만 동시에 몇 번인가

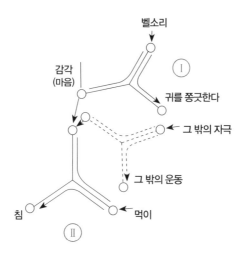

벨소리

감각
(마음)

Ⅰ

귀를 쫑긋한다

그 밖의 자극

그 밖의 운동

침

먹이

Ⅱ

[그림 B]

되풀이하는 중에 벨 소리가 들리기만 하면 먹이를 안 줘도 침이 생기게 된다. 벨 소리는 처음에는 침과는 연관이 없었지만 같은 조건으로 몇 번이고 되풀이하게 되면 반사운동을 일으키는 자극이 된 것이다. 벨 소리는 조건자극, 이 반사는 조건반사라고 한다.

타고난 반사는 여러분도 나도 그 누구도 갖고 있다. 따라서 그 반사가 없다면 병에 걸린다. 그러므로 의사는 그러한 반사를 많이 외우고 있어서 그것이 없어졌는지를 조사해서 병을 진단한다.

조건반사는 태어났을 때는 없었고 그 뒤에 살아가면서 점차로 만들어지는 반사이므로 어떤 사람에게는 있고 어떤 사람에게는 없어도 조금도 이상하지 않다. 여러분은 지금 매실장아찌를 보기만 해도 입 안이 굳는 듯한 느낌이 들면서 침이 점점 솟아나오는 것을 알 수 있을 것이다. 매실장아찌가 입에 들어와 시큼하다고 느끼는 것과 동시에 침이 나오는 것은 타고난 반사이지만 보는 것만으로도 침이 나오는 것은 나중에 만들어진 조건반사이다.

따라서 태어난 뒤 한 번도 매실장아찌를 본 적도 먹은 적도 없는 외국인에게 그것을 보여줘도 입 안이 굳어진다거나 침이 생기거나 하지는 않는다.

우리는 태어날 때부터 갖고 있는 반사에, 거기에 더해 셀 수 없이 많은 조건반사를 덧붙여 갖고 있다. 이 조건반사도 우리가 결코 의식해서 만들어지는 것은 아니다. 무의식중에 이루어진다. 그리고 의식해서 주의를 집중하면 오히려 반대로 억제할 수도 있다.

조건반사는 비교적 단순한 것도 있고 무척 복잡한 것도 있다. 단순한 것이 만들어지기 쉽고 복잡한 것이 만들어지기 어려운 것은 당연하다. 복잡한 조건반사가 만들어지기 위해서는 몇 번이고 계속해서 되풀이되지 않으면 안 되고, 항상 같은 조건을 되풀이해서 사라지는 것을 막지 않으면 안 된다.

스포츠 같은 것도 일종의 조건반사를 만들 필요가 있어서 그것을 위해 같은 동작을 수백 번씩 되풀이해서 연습하지 않으면 안 된다. 야구 선수도 그렇게 연습해서 몇 가지의 조건반사를 만들어놓고 있다. 그래서 생각하고 난 뒤에 한다면 결코 제시간에 할 수 없는 운동을 눈 깜짝할 사이에 순간적으로 한다. 그 경우 운동은 어떤 목적을 지니고 있어서 최초에는 의식적으로 하지만 끝에 가서는 무의식중에 몸이 움직이게 된다. 이러한 스포츠의 순간적인 동작은 학문상으로는 이미 조건반사라고 부르지 않지만 무척이나 복잡한 조건반사라고 생각하면 될 것이다.

어떤 사람은 자동차의 운전을 무척 오랫동안 해왔다. 그리고 신호나 표지를 잘 확인해 교통위반 같은 것도 하지 않았다. 그런데 어느 날 그는 거리를 걷다가 한 골목으로 들어가려다 멈춰버렸다. 그리고 좌회전을 하려다가 느닷없이 중얼거렸다.

"앗, 내가 걷고 있었나."

그는 일방통행 표지를 보고 들어가면 안 된다고 생각했던 것이다. 그의 동작을 복잡한 조건반사로 생각해도 좋을 것이다.

이러한 복잡한 조건반사는 마음의 상태에 따라 크게 영향을 받기 쉽다. 의식하고서 멋지게 잘 해보려고 하면 오히려 억압되어 잘되지 않는다. 스포츠의 경우에도 긴장해서 의식적으로 잘하려고 하면 오히려 실책을 저지르고 만다. 감독들이 곧잘

"아무 생각도 하지 말고 해, 마음을 비우고서 하란 말이야"

하고 선수들한테 주의를 주는데 그러는 편이 조건반사로 잽싸게 움직일 수 있기 때문이다.

검도의 명인 등도 승부에 임해서는 잡념을 없애는 것, 자신을 의식하지 않는 것을 가장 심오한 경지로 전하고 있지만 심리학자가 아니라 해도 경험을 통해서 그러한 진리를 깨닫게 되었을 것이다.

서부극에서 비슷한 실력을 가진 권총의 두 명인이 있는데 한 사람은 악당이고 한 사람은 정의의 사도이다. 그리고 악당이 상대를 겨냥해 쏘려고 한다. 이젠 끝이구나 하느 생각이 드는 순간 정의의 사도는 권총을 뽑아 악당 두목을 쏘아 쓰러뜨린다. 권총의 명수는 몇 분의 일 초 사이에도 권총을 뽑아 쏠 수 있다는 이야기이다. 그러나 영화를 보고 있으면 저

런 일이 실제로 일어날까 좀처럼 믿기 힘든 기분도 들 것이다. 그러나 그것을 결코 드라마의 지어낸 이야기라고 단정할 수 없다. 악당 두목은 상대방이 알아채지 못하도록 신경을 집중해 의식하면서 권총에 손을 가져가는데 착한 권총의 명수는 상대의 움직임을 본 순간 조건반사로 무의식중에 손을 움직인다. 그 때문에 확실히 상대보다도 빨리 권총을 뽑아 방아쇠를 당길 수 있는 것이다. 그렇기 때문에 서부극에서는 악당이 반드시 총을 맞고 쓰러지게 된다.

감각의 안쪽에

감각은 마음과 외부의 세계가 접하는 마음의 표면이라고 나는 말했다. 그 감각 중에는 인간으로서 싫은 것들이 엄청나게 많다. 예를 들어 불쾌한 냄새 같은 것은 안 맡는 것이 좋고, 구역질이라든가 통증 같은 것도 왜 이런 것들이 있을까 하는 생각이 든다. 망치로 못을 치려다가 실수로 자신의 손가락을 내려쳤을 때 같은 경우는 통증으로 신음까지 나온다. 그리고 어째서 또 통증의 감각 같은 것이 있을까, 없으면 좋을 텐데 하고 생각한다. 그러나 이러한 싫은 감각은 인간이 개체를 보존하기 위해서는 중요한 것이다. 통증 등을 전혀 못 느끼게 되는 병이 있다. 나병 같은 것이 그렇다. 바늘로 찔러도 통증을 못 느낀다. 그런데 통증을 못 느끼기 때문에 상처를 입어도 작을 때는 알아채지 못한다. 자고 있는 사이에 손이 난로에 들러붙어 화상을 심하게 입었는데도 몰랐다는 경우도 있다. 작은 상처에서 피가 나도 알아채지 못하는 경우도 있고 그 때문에 출혈이 많아져 죽거나, 상처에 감염이 생겨 곪게 되는 일도 있다. 통증이라는 감각이 얼마만큼 인간의 생명을 지키는 데 큰 역할을 하는지 그것을 보아도 알 수 있다.

그런데 감각 중에는 여러 가지 감정을 불러일으키는 것이 있다. 통증은 괴롭고 힘들다는 감정을 들게 하고, 구역질이나 무더위는 불쾌한 감정을 일으킨다. 그리고 감각 중에는 특정한 감정과 강하게 연관된 게 있는가 하면 연관이 약한 것도 있다. 감각의 정도에 따라서도 다르다. 아무것도 아닌 것이 그 정도가 강하면 싫은 것이 되는 경향도 확실하다. 너무도 큰 소리는 인간에게 고통스러운 감정을 불러일으키는 것이다.

이렇게 감각과 감정을 비교해보니 감각은 자신의 주위의 세계와 직접 접함으로써 일어나지만 마음의 작동으로서는 가장 바깥쪽에 있고 감정은 그것보다도 마음의 안쪽에 있지만 감각을 일게 하는 자극보다는 훨씬 정리되어 있고 거리가 떨어진 곳에 있는 대상과 마주하고 있다는 것을 알 수 있다. 그리고 우리들의 바깥쪽에는 대상이 여러 개나 짝을 지어 만들어진 세계라든가, 분위기라든가로 불리는 전체가 있다. 그러면 마음의 안쪽 깊숙한 곳에, 감정보다도 좀 더 막연한 마음의 움직임은 없는 걸까. 이렇게 해서 자신의 마음을 쳐다보면 여러분은 분명히 두려움의 안쪽에 있던 불안을 떠올릴 것이다. 불안은 감정이라고 불리기도 하지만 그것보다도 실은 기분이라는 부르는 게 적당하다.

이제 마음의 바깥쪽에서 생긴 것과 마음의 안쪽에서 생긴 것을 비교하면서 생각해보기로 하자.

여러분은 곰에게 물리면 아프다고 느낀다. 곰이 눈앞에 나타나면 곰을 무섭다고 느낀다. 곰은 눈앞에 없지만 곰이 자주 출몰하는 산길을 걷고 있을 때는 불안을 느낀다. 곰에게 물릴 때 느끼는 것은 감각이다. 곰이 눈앞에 나타났을 때 느끼는 것이 감정이다. 그리고 곰이 나타날지도 모르는 길에서 느끼는 것이 기분이다. 곰이 무는 것은 자극으로 사물의 요소라고 부른다. 그것은 곰 안에 우연히 있는 것이다. 개한테 물려도, 고양이가 할퀴어도 아픈 것은 아프다. 그리고 그것 이외의 요소가 모여서 곰이라고 하는 사물을 만들고 있다. 곰이 있는 산은 곰만 있는 게 아니라 훨씬 더 다양한 사물들이 모여서 만든 전체이다. 그것을 세계라고 부를 수도 있을 것이다. 이런 식으로 설명하면 여러분들도 이해하기 쉽지 않을까.

우리들 주변에 있는 자극은 수없이 많고 감각도 그 자극과 마찬가지로 수없이 많다. 그것이 모여서 만드는 사물은 훨씬 적지만 그래도 상당히 많다. 하지만 눈앞에 있는 세계는 하나다. 감정은 사물의 수 정도까지는 아니지만 그래도 상당히 많다. 그런데 기분은 종류가 훨씬 더 적다. 감각은 자극과 함께 순간적으로 시작된다. 감정은 대상이 되는 사물과 마주하는 만큼 계속된다. 기분 쪽은 마주하고 있는 세계가 사라지지 않는 한 없어지지 않는다. 감각은 확실하게 시작과 끝이 있다. 감정은 그것보다 어렴풋하지만 두서가 있다. 기분은 막연해서 종잡을 수가 없다.

이런 식으로 마음의 움직임을 정리해서 생각해보는 것은 여러분에게 마음속에 만들어져 있는 구조를 바라볼 수 있게 해줄 거라 생각한다.

가위바위보에서 이기는 비결

반사운동에 대해 생각하는 이 대목에서 앞에서 이야기했던 충동에 대해 떠올리기 바란다. 충동은 감정에 의해 일어나는 것이라고 했다. 충동은 그 상태로는 마음에 느껴질 뿐으로 그것은 아직 몸을 움직이게 하지는 않는다. 충동에 의해 인간이 움직여질 때 그것을 행동이라고 부른다. 반사로, 몸의 어느 부분이 움직일 때 그것은 운동이라고 불렀다. 반사운동은 그것이 특별히 복잡한 조건반사에 의한 것이라 해도 행동과 비교하면 무척이나 단순한 것이다.

반사의 경우에는 감각으로부터 운동으로, 거의 마음의 바깥쪽이나 표면을 통과해 버린다. 그리고 그것과 동시에 마음에 보고가 도착한다. 그런데 행동은 한 사람 한 사람의 마음속에 짜여 있고 정리된 뒤에 바깥으로 나오는 것이다.

어떤 감각과 연결된 반사운동은 하나이다. 그것에 의해 일어나는 운동은 정해져 있어 두세 가지의 운동 중에서 하나를 고르는 것이 아니다. 반사운동은 앞에서도 말했듯이 의식하는 것으로서, 그러니까 마음이 관여함으로써 억제된다. 하지만 억제될 뿐이다.

반사운동의 자극과 반사의 관계를 생각할 때 전화에 대해 떠올리면 이해하기 쉽다. 반사운동은 직통전화와 같은 것이다. 전화번호가 한 대 한 대의 전화마다 붙어 있어서 어떤 전화에서든 같은 번호를 돌리면 반드시 같은 전화를 호출할 수 있다. 시외든 장거리전화든 정해진 번호를 돌리기만 하면 된다. 하나의 반사는 하나의 전화번호라고 생각하면 된다. 하지만 감정과 충동과 행동의 관계는 대표전화를 가진 교환대가 있는 전화 같은 것이다. 전화를 걸어도 먼저 안내가 나오고 거기에서 용건에 따라 전화번호를 돌리기 때문에 반드시 같은 전화기로 연결된다고 할 수는 없다.

도망치고 싶다는 충동을 일으키는 감정이 생겨나도 반드시 도망치는 것은 아니다. 도망치지 않고 상대에게 달려드는 행동을 하는 경우도 있다.

반사는 조건반사처럼 인간이 경험이나 훈련을 통해 몸에 익힌 것도 있지만 타고난 반사는 자연의 지혜가 만들어낸 것이다. 반사의 목적이 확실한 운동을 보면 우리는 자연의 지혜에 경탄한다.

하지만 자연은 인간의 입장에서는 언제까지고 같은 것이 아니다. 인간이 자신의 힘으로 만들어낸 제2의 자연 속에서 생활한다고도 말할 수 있는 것이 현대이다. 거기에 이 제2의 인공적 자연에 있어서는 적절하지 않은 반사운동도 있다.

예를 들어 인간의 손은 손에 닿는 것을 잽싸게 붙잡고 움켜쥐려는 반사가 있다. 아기의 손에 물건을 갖다대보라. 아기는 곧바로 움켜쥘 것이다. 그때 갓 구운 밤을 아기의 손에 놓으면 어떻게 될까. 뜨거운 밤을 움켜쥐어 오히려 화상을 입고 말 것이다.

여러분은 전기 기술자가 손으로 만져서 찌릿한가 아닌가로 전기가 통하는지 아닌지를 확인하는 것을 본 적이 없는가. 빈틈이 없는 사람은 손등의 피부로 대본다. 결코 손바닥 쪽으로는 만지지 않는다. 전기에 찌릿하고 감전되면 손은 안쪽으로 구부러지는 반사운동을 한다. 손등 쪽에 전선에 있으면 그 순간 전선으로부터 손이 떨어진다. 그런데 손바닥 쪽에 전선이 있다면 전선에 오히려 달라붙어 감전되고 만다. 인간의 몸은 전기 같은 것을 생각해서 만들어진 것이 아니기 때문에 이런 모순도 일어난다.

여기에서 여러분에게 재미있는 장난을 가르쳐주겠다. 여러분에게 어린 동생이 있다고 하자. 그리고 두 사람 앞에 과자가 하나 있다. 그런데 하나밖에 없다. 도덕 교과서라면 두 개로 나눠서 사이좋게 둘이 먹으라고 가르치겠지만 여러분은 나누고 싶지 않다. 한 개를 전부 다 먹고 싶다. 그래서 가위바위보를 해서 이기는 쪽이 전부 다 먹기로 하고 동생과 가위

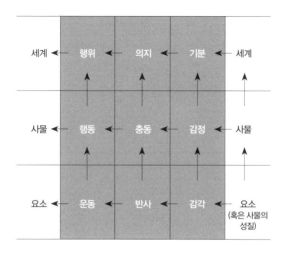

세계 →	행위 ←	의지 ←	기분 ←	← 세계
사물 →	행동 ←	충동 ←	감정 ←	← 사물
요소 →	운동 ←	반사 ←	감각 ←	← 요소 (혹은 사물의 성질)

바위보를 한다. 이럴 때 어린아이한테 반드시 바위를 내게 하는 방법이 있다. 실험해보기 바란다. 가위바위보에서 가장 내기 쉬운 것이 바위이다. 그다음이 보. 가장 내기 어려운 것이 가위이다. 인간은 긴장하면 자연스럽게 주먹을 쥔다. 그럴 때 가위를 내는 아이는 없다. 손을 가위로 만드는 것은 가위바위보를 할 때 정도이다. 주먹은 조건반사로 이러저러한 자극에 내기 쉽다.

그래서다. 여러분은 '가위, 바위'까지는 조그맣게 천천히 말한다. 그리고 마지막의 '보'란 구령을 가급적 크게, 상대를 흠칫하게 만들 정도로 크게 붙이는 것이다. 어린 꼬마는 흠칫하게 되면 반사적으로 주먹을 내고 만다. 주먹을 낼 생각이 없었다 해도 자연스럽게 내고 만다. 여러분은 처음부터 보를 내겠다고 마음먹으면 된다. 하지만 스스로 자신의 목소리에 놀라 본인까지 주먹을 내지 않도록 주의하기 바란다. 이것은 내가 가위바위보에서 이기는 일급비밀이다. 하지만 이 비밀을 나는 대학에서 심리학 공부를 하기 훨씬 전에 경험을 통해 발견했다.

이상한 쪽으로 이야기가 흘렀지만 반사가 자극에 강하게 연결되어 있고 충동과 행동이 감정과 느슨하게 연결되어 있다는 걸 지금까지의 이야기로 어찌됐든 알게 되었을 것이다. 그러나 반사도 충동도 바깥쪽 세계로부터, 감각은 자극에 의해 감정은 대상이 되는 사물과 마주하고서 생겨났던 것이다.

그런데 인간은 그러한 외부의 변화에 영향받지 않고 자기 스스로 움직일 수 있다. 그러니까 의지라는 것으로서 움직이는 것도 가능하다. 충동을 억누르고 좀 더 목적에 부합하는 정리된 행동, 복잡한 행동을 한다.

그것을 행동과 구별하고 싶으면 행위라는 말로 부를 수도 있을 것이다. 여러 가지 단어를 사용해왔지만 여기에서 그것들을 전부 정리해 비교해보기로 하자.

이러한 단어의 구별은 국어 시간에 배우는 구별이 아니기 때문에 유의하기 바란다. 우리는 이러한 단어들을 상호 관계를 생각하지 않고 사용하고 있다. 그것도 잘못된 것은 아니다. 다만 마음을 조사해보려 할 때 마음속에서 일어나는 일들을 말을 사용해 설명하지 않으면 안 되기 때문에 이런 식으로 서로의 관계를 염두에 두는 게 편리하다.

06 | 저 자식은
      냄새가 나

싫은 냄새

귀신 이야기에서 시작해, 두려움, 도망, 고통 등 왠지 패기 없는 것 같은 것들만 잔뜩 써버린 것 같다. 확실히, 도망친다는 것은 자연에 사는 동물이 자신의 몸을 지키기 위한 가장 중요한 지혜일지 모른다. 사회를 만들어 생활해온 인간은 그러한 자연의 지혜를 조금은 망각해버린 듯, 도망친다거나 두려워하는 것을 자칫 지나치게 경멸하는 경향이 있다. 따라서 마음의 얼개와 그 의미를 생각해보는 것은 필요한 일이라고 생각한다.

하지만 도망치기만 하는 것이 능사는 아니다. 두려워하기만 하는 게 능사는 아니다. 이런 면에서 인간의 다른 감각이나 감정이 우리의 마음속에서 어떠한 역할이나 의미를 지니는지 생각해보자.

우리는 곧잘 "저 자식은 냄새가 나" 같은 말을 한다. 그것은 정말로 그 사람이 방귀라도 뀌어서 냄새가 난다는 게 아니다. 아무래도 수상쩍다, 뭔가 우리에게 음모를 꾸미려는 게 아닐까, 흉악한 사건이 일어났는데 범인은 그 남자가 아닐까, 그런 생각을 할 때 우리는 그런 표현을 한다. 그때 우리의 마음속에는 경계하는 마음이 일어난다.

그리고 전쟁이 일어날 것 같은 분위기가 느껴지면 화약 냄새가 감도는 것 같다고도 한다. 폭발한 화약의 연기 냄새가 난다는 말이다. 도화선이 탈 때 나는 냄새를 의미하기도 한다.

그럴 때 우리는 실제로 냄새를 맡는 것은 아니다. 그러한 표현은 하나의 에둘러 말하기에 지나지 않는다. 그럼에도 그러한 에둘러 말하기가 남아 있다는 것은 우리에게 냄새의 감각이 어떠한 역할을 해왔는가를 상상할 수 있게 한다.

우리가 싫은 냄새라고 부르는 것들이 있다. 그런 것들은 우리의 얼굴을 찌푸리게 하고 불쾌한 기분이 들게 한다. 심한 것은 구토를 일으키게도 한다. 구토를 하는 것은 아마도 조건반사 때문일 것이다. 이런 싫은 냄새라고 하는 것은 우리의 본능과 어떻게 결부되어 있는 걸까.

확실히 현대에도 냄새에 의해 우리가 위험을 피하는 일이 있다. 가스가 새거나 할 때 인간은 냄새를 알아챈다. 가스관은 사람의 눈에 띄지 않는 곳에 설치되어 있다. 집 밖에서는 땅 속에 묻혀 있고 집 안에서는 벽 속이나 마루 밑을 지나가고 있다. 이음매가 느슨해져도 눈으로는 확인할 수 없다. 게다가 가스는 눈에 보이지 않는다.

따라서 우리에게 냄새에 대한 감각이 없었다면 가스가 새도 알 수 없을 것이다. 그리고 가스에 중독되거나 폭발이 일어날 위험에서 벗어날 수 없을 것이다. 실제로 프로판가스가 사용되기 시작했을 때 가스에 냄새가 없기 때문에 사고도 많이 일어났다. 그래서 지금처럼 일부러 냄새를 가스에 집어넣게 된 것이다.

화재의 경우에도 단내, 뭔가 타는 게 아닐까 하고 당황하다가 작은 불일 때 발견하는 경우가 있다. 이렇게 지금도 우리는 냄새에 의해 위험을 감지해 자신의 안전을 지키고 있다. 하지만 장래에 인간이 가스 같은 것을 사용하리라고 생각해 하느님이 냄새에 대한 감각을 부여했다고는 생각할 수 없을 것이다. 그것은 이런 시대가 된 지금도 꽤 유용할 뿐인 것이다. 냄새에 대한 감각은 자기보존 본능과 강하게 결합되어 있기 때문에 지금도 냄새에 민감해서 모르는 냄새에 바로 경계심이 생기고 그것이 결과적으로 도움이 되는 것뿐이다.

가스가 새는 경우에도 우리는 "이상하네, 희한해" 하면서 냄새에 경계심을 보인다. 하지만 어디에서 새는가 하는 구체적이고 확실한 위험을 냄새의 감각에 의해 알 수는 없다. 이 부근이 냄새가 강한데, 이 근처가 아닐까 하고 허둥지둥할 뿐이다. 가스가 새는 장소는 결국 여기라고 생각되는 곳에 비눗물을 발라 거품이 생기는지를 확인하지 않으면 안 된다. 게다가 가스 따위처럼 이건 가스 냄새야 하고 알 수 있는 것은 특별한 경우이다. 그러니까 무슨 냄새인지, 어디에서부터 냄새가 오는지, 어느 정도나 강한지 등을 확실하게 밝히는 것은 매우 어렵다. 그뿐 아니라 냄새의 감각은 민감함과 동시에 금방 익숙해지기 쉽다. 따라서 자신의 냄새 같은 것은 그다지 맡을 수 없다.

누군가가 어제 마늘을 먹었다는 것은 본인 이외의 사람이라면 곧바로 알 수 있다. 그런데 먹은 본인은 조금도 깨닫지 못한다. 그렇게 강한 냄새를 어떻게 모를 수 있지 하고 신기하게 생각될 정도다. 인간의 체취 같은 것도 그렇다. 곁에 있으면 땀 냄새가 심해 참기 힘들다고 다른 사람들은 생각해도 본인은 태평하다.

결국 자신이나 자신이 있는 장소나, 자신의 동료의 냄새에는 금방 익숙해져버리고, 무언가 자신이 모르는 냄새에만 민감해지는 것이다. 자신이 알고 있고 특별한 게 아니라는 걸 알면 경계심을 늦출 수 있고, 그 냄새는 문제가 되지 않는다.

그런 사실을 내가 두려움에 대해 말했던 것을 떠올리면서 생각해보기 바란다. 비슷한 구석이 있다는 것을 알 것이다. 냄새는 어떤 감정을 불러일으킨다. 싫은 느낌, 도망치고 싶은 정도로 적극적이지는 않지만 가까이 가고 싶지 않다는 소극적인 감정이다.

동물을 보고 있어도, 냄새가 같은 형태로 위험을 피하게 해준다는 것을 알 수 있다. 동물은 우선 먹기 전에 냄새를 맡는다. 이상한 냄새가 나는 것은 경계하면서 먹지 않는다.

갈비구이 집 앞을 지날 때

하지만 냄새는 우리를 쫓아버리기만 하는 것은 아니다. 반대로 우리에게 위험을 잊게 만들고 우리를 끌어들이기도 한다. 인간은 위험을 피하기만 하면 되는 존재가 아니다. 산다는 것은 늘 안전과 위험 사이에서 줄타기를 하는 것이기도 하다. 살아가기 위한 음식, 그리고 자손을 남기기 위해 찾지 않을 수 없는 배우자, 그것들은 항상 냄새로 우리를 끌어당긴다.

여러분이 갈비구이 집이나 꼬치구이 집 앞을 지나갈 때면 그 가게에 들어가고 싶은 생각이 들 것이다. 적도 여간내기가 아니어서 일부러 창을 열고 거리와 접한 곳에서 냄새가 오가는 사람들의 코로 들어가도록 갈비나 꼬치를 굽는다. 여자들도 일부러 향수를 사서 온몸에 뿌려 우리를 돌아다보게 만든다. 그것은 우리를 황홀하게 만들고 위험을 잊게 한다.

갈비구이 냄새도, 여자의 향수 냄새도 그것들은 결코 있는 그대로의 자연의 냄새가 아니다. 어느 쪽이냐 하면 인공적인, 인간이 만들어낸 냄새이다. 인류가 자연 속에서 살아갈 때는 그런 좋은 냄새는 존재하지 않았을 것이다. 그렇다면 그런 좋은 냄새의 좋은 점은 인간이 조건반사로 만들어낸 것일까. 갈비구이가 먹어보니 맛있기 때문에 갈비 굽는 냄새가 좋은 냄새가 된 것일까.

아무래도 그렇지는 않은 것 같다. 싫은 냄새라고 생각했어도 먹어보니 맛있고, 독도 없는 것이 있다. 장아찌도 그렇고 치즈도 그렇다. 처음 먹을 때는 냄새가 역겹다고 생각한다.

그러나 먹을 수 있고, 먹고 있는 사이에 맛있다고 생각하게 된다. 그러는 사이에 냄새에도 익숙해진다. 그리고 맛있다는 생각이 들게 되면 냄새까지도 필요해지게 된다. 최초에는 싫은 냄새라고 생각했던 것이 그 냄새가 없으면 왠지 허전하기까지 하다. 그것은 조건반사라고 할 수 있을 것이다. 그러나 먹어보기 전부터 좋은 냄새로 끌리는 것이 확실히 있다. 본능적으로 끌리는 것이다.

따라서 그러한 성질을 이용해 덫을 놓을 수도 있다. 동물을 유인하기 위해 인간은 덫과 먹이를 사용한다. 동물은 먹이에 유인되어 다가온다. 먹이의 냄새에 우리가 모르는 안전한 은신처로부터 동물은 어슬렁어슬렁 나온다. 그리고 먹이를 발견한다. 덫에 걸린다.

그것은 아무리 생각해도 인간이나 다른 동물의 개체 본능과는 일치하지 않는 것처럼 생각될 것이다. 그것을 어떻게 생각하면 좋을까. 인간이나 동물 안에는 그것이 위험한 일이라 하더라도 어떤 감각을 만족시키기 위해 그것에 이끌리는 경향이 있는 것처럼 보인다. 배가 부르다면 안전한 장소로부터 나오려고 하지 않을 것이다. 하지만 배가 고픈 동물은 맛있을 것 같은 음식의 냄새가 나면 위험하다는 것을 알아도 비트적비트적 안전한 장소로부터 나온다. 그렇지만 일단 배를 채우면 맛있을 것 같은 냄새도 그 힘이 약해져 버린다. 여러분도 갈비만 잔뜩 먹고 난 뒤에 이제 질린다는 생각이 든 적이 있을 것이다.

이렇게 통증과 냄새 같은 감각의 차이에는 매우 중요한 사실이 숨겨져 있다는 것을 알아차렸을 것이다.

통증은 있거나 없거나밖에는 문제가 되지 않는다. 그런데 냄새에는 자신을 끌어당기는 것과 자신을 더 이상 가만히 있을 수 없게 하는 것이 있다. 그리고 그 안에는 둘 중 어디에도 속하지 않는 것이 있다. 결국, 우리는 한마디로 감각이라고 말하지만, 감각에는 매우 단순하고 원시적인 것과 진화한(그것을 분화되었다고 해도 상관없지만) 것이 있다.

그리고 그 감각은 인간처럼 지능이 진화한 존재일수록 분화되어 있고, 또한 아기보다도, 성장해서 커감에 따라 분화의 정도가 커진다. 여기에서 여러분에게 약간의 주의를 주고 싶다. 그것은 예민함과 분화의 정도를 헷갈리지 말았으면 하는 것이다. 예민한 것으로 말하면 동물 쪽이 인간보다도 훨씬 예민한 감각을 갖고 있다. 인간이 듣지 못하는 미약한 소리를 듣는 예민한 귀를 가진 동물은 얼마든지 있고, 인간보다 민감한 코를 가진 동물도 얼마든지 있다. 그러나 인간만큼 감각이 분화되어 있는 것은 아니다.

예를 들어 소리 같은 감각은 동물에게는 강한 소리와 약한 소리로 소리의 종류를 구별하는 정도밖에는 할 수 없다. 그런데 인간은 불쾌한 소리와 기분 좋은 소리, 말처럼 의미 있는 소리, 잡음이나 음악 소리 등 셀 수 없을 정도로 다양하게 구별할 수 있게 되었다. 인간의 감각 중에서 가장 분화되어 있는 것이 시각과 청각, 그리고 미각일 것이다. 이 감각의 분화는 인간의 문명이나 문화와도 중요한 관계가 있다.

07 │ 인간과 동물의
　　　 마음

어디까지 같고 어디까지 다를까

　인간과 동물은 마음이 작동하는 점에서 전혀 다르다고 생
각하는 사람과 아니, 동물과 인간은 대화를 할 수 없기 때문
에 서로를 알 수 없을 뿐이고 동물에게도 인간과 마찬가지의
마음이 있다고 생각하는 사람이 있다. 여러분은 어느 쪽이 옳
다고 보는가.

　나는 지금까지 동물의 이야기를 하면서 인간의 마음의 움
직임과 비교해 왔다. 그러니까 인간과 동물은 마음이 작동하
는 점에서는 공통되는 부분이 많다는 것을 설명해온 셈이다.
그러나 인간의 마음이 결국은 동물의 마음과 다름없다고 말

하려는 것은 아니다. 인간은 동물과는 확실히 다른 면이 있다. 하지만 우리는 자신의 마음의 어떤 작동이 동물적인 것인지 아닌지를 확인하지 않고, 인간에게 독특한 것이라고 생각하는 경우가 있다.

예를 들어 여러분은 자신이 훌륭하다고 생각하던 사람이 가르친 것과 자신이 경멸하던 사람이 가르친 것 중 어느 쪽을 더 잘 기억하고 있을까. 물론 내용에 따라 다를 것이고, 경멸하던 사람이 말한 것이라도 진실은 진실이고, 아무리 존경하던 사람이 말한 것이라도 거짓말은 거짓말이다, 라고 여러분은 말할지도 모르겠다. 실제로 그렇게 생각했으면 한다. 그런데 좀처럼 그렇게 되지는 않는다. 예전의 훌륭한 사람이 이렇게 말했다는 이야기를 들으면, 상대방은 과연 그렇군, 그런 거구나 하고 감탄하지만, 같은 내용을 나 같은 사람이 이렇게 생각한다고 얘기해봐도 조금도 감탄해주지 않는다. 도덕적인 가르침 같은 것은 가르침 그 자체가 올바른가 아닌가보다도 누가 그렇게 가르쳤는가 하는 부분이 훨씬 더 중요하다.

그런데 이것이 인간에게만 일어나는 일일까. 그것과 관련이 있는 어느 동물학자의 재미있는 실험이 있다. 원숭이는 대장이 있는 집단을 형성해 생활한다. 가장 으스대는 원숭이가 있고, 두 번째, 세 번째라는 식으로 잘난 순서가 있고, 가장 아래에 있는 원숭이도 있다. 그 원숭이의 무리 안에 버튼을 누르면 바나나가 나오는 기계를 놓고, 가장 서열이 아래인 원숭이한테 바나나를 얻는 법을 가르쳐주었다. 원숭이로서는 이렇게 편리한 것이 없다. 그저 버튼을 누르기만 하면 맛있는 바나나를 먹을 수 있게 된 것이다. 그런데 서열이 가장 아래인 원숭이한테 가르쳐준 지혜는 원숭이 무리 속으로 조금도 퍼지지 않았다. 그런데 우두머리 원숭이한테 그 기계의 사용 방법을 가르쳐주자 곧바로 무리 전체로 그 지혜가 퍼져 나갔다.

훌륭한 사람이 하면 금방 유행하는 것이 인간의 사회 속에는 있는데, 그것과 원숭이 무리에서 일어난 일과 이 얼마나 비슷한가. 결국 인간 사회 안에는 동물의 무리 안에서 일어나는 것과 비슷한 일이 일어난다고 봐도 좋을 것이다. 여러분도 어렸을 때 아버지나 어머니가 말했으니까 사실일 게 확실하다고 생각한 적이 틀림없이 있을 것이다. 하지만 점점 성장해가면서 아버지나 어머니가 한 말 중에도 틀린 게 있다고 생각하게 되었다.

그렇다면, 스스로 생각해서 스스로 옳다고 생각하는 것을 배워가는 게, 동물은 할 수 없고 인간만이 할 수 있는 일이라고 자랑스럽게 생각해도 좋을 것이다. 반대로, 인간은 어린 시절에는 원숭이와 그다지 차이가 없는 사고방식을 가진다고 생각할 수도 있을 것이다.

그런데 인간은 어른이 되어서도 자칫하면 원숭이와 비슷한 사고를 하는 경우도 있다. 회사의 사장이 골프를 시작하면 사원이 골프를 시작하는 일도 쉽게 볼 수 있다. 우리는 자신이 원숭이보다 훨씬 훌륭하다고 생각하면서, 원숭이와 별로 다를 게 없다는 것을 깨닫지 못한다. 만약 그러한 사실을 알려고 하지 않는다면 인간은 어떤 점을 자신의 자랑으로 삼아야 할지 알 수 없게 될 것이다.

구역

공무원들의 구역 의식이란 이야기를 여러분은 곧잘 들어본 적이 있을 것이다. 공해 문제에도 여러 관청이 서로의 구역을 생각하지 않고 국민을 위해 가장 좋은 대책을 세운다면 얼마나 좋을까 하고 생각하지만, 좀처럼 그렇게 되지 않는다. 그런데 이 구역 의식이라는 것이 인간의 마음속에만 있는 것일까. 동물들은 공무원도 없으니까 구역 의식이라는 것도 없겠지라고 여러분이 생각한다면 그것은 잘못 본 것이다. 동물의 세계에는 이 구역 의식이라는 것이 두드러지게 눈에 띈다.

그렇게 말할 수 있는 것은 그것이 본능적인 것이기 때문이다. 어느 땅에 자신들이 살아갈 수 있을 만큼의 먹이가 있다. 그 먹이를 먹을 것 같은 침입자가 구역에 들어오면 먹이가 부족해지기 때문에 자신들의 생명이 위협당하는 것처럼 느낀다. 아니, 느낌이 아니라 실제로 위협당한다. 그러므로 자신의 구역을 지키는 것은 자신의 몸을 지키는 것과 같을 정도로 본능적인 의미를 갖고 있다.

우리 집 옆에는 커다란 저택이 있는데 숲도 있고 거기에는 여러 종류의 새들도 살고 있다. 울음소리가 예쁜 새도 있고 듣기 싫은 울음소리를 내는 새도 있다. 우리가 무심코 듣고 있으면 각각의 새가 노래 경연 대회라도 하는 것으로밖에 느껴지지 않지만 아름답게 우는 휘파람새조차, 그 노랫소리로 "여기는 내 구역이야, 가까이 오지 마" 하고 다른 새들에게 알리고 있는 것이다. 그런데도 이따금 커다란 까마귀 같은 것이 날아와 옆집 지붕에 앉으면 엄청난 소란이 벌어진다. 그 지붕 밑에 둥지를 짓고 사는 새들 대부분이 요란한 울음소리를 내고, 마치 급강하폭격을 하듯이 까마귀 눈앞을 스치며 날아다닌다. 까마귀는 더 이상 견딜 수가 없어 도망치고 만다. 까마귀는 그저 쉬려 했을 뿐이고 싸움 같은 걸 하려고 온 게 아니다. 그러나 작은 새들은 자신의 구역에 들어온 것이 악의를 갖고 있는지 아닌지 문제 삼지 않고 그저 쫓아내려고만 한다.

개도 구역 의식이 강한 동물이다. 개를 산책을 시키면 코를 땅에다 바짝 갖다대고서 사방으로 냄새를 맡는다. 그리고 저렇게 여러 개의 전봇대에 오줌을 잘도 분배하는구나 하고 감탄하게 만든다. 때로는 다른 개의 오줌 냄새를 맡으면서 화가 난다는 듯이 짖기도 한다. 개는 오줌의 냄새로 자신의 구역을 주장하고 있는 것이다. 그리고 새로운 냄새로 자신의 구역을 침범한 괘씸한 녀석이 아직 가까이에 있다는 것을 느끼고 화를 낸다. 개가 있는 집 앞을 개를 데리고 지나가면 큰일이 벌어진다. 사납게 짖으며 덤벼들려 한다. 개는 집을 지키는 용도로 많이 사용되지만, 그것은 이러한 개의 구역 의식을 인간이 이용하고 있는 것이다.

이러한 동물의 구역 의식을 보면서 우리는 개는 바보야 하고 생각한다. 굳이 저렇게 짖지 않아도 같은 개들끼리 사이좋게 지내면 얼마나 좋을까. 주인으로부터 먹이를 얻어먹고 있으니까 자연 속에서 스스로 먹이를 찾지 않으면 안 되었을 때 필요했을 수도 있는 구역 의식은 필요없게 된 거잖아. 그런 식으로 생각한다. 그러나 실제로는 그렇다고 해도 개는 구역 의식으로부터 벗어날 수 없다. 아파트의 발코니 위에서 주인을 따라 산보하고 있는 땅 위의 개한테 멍청하게 짖어대는 개를 보면서 정말로 바보구나 하고 생각하지만, 개는 구역 의식 때문에 도저히 그러지 않을 수가 없는 것이다.

이 구역 의식은 지금까지 우리가 마음속에서 보아왔던 감각이나 감정과 어떠한 관계가 있을까. 구역이라는 것은 서로 경쟁하는 두 동물이 서로 싸워가면서 만들어진 것이다. 그것은 동물의 투쟁하는 성질과 관계있다. 다른 동물을 먹이로 삼는 동물은 우리가 보고 있으면 무척이나 잔인하게 보인다. 고양이가 쥐를 잡아가지고 오는 것을 본 적이 있는데 아직 살아 있는 쥐를 콱 물어 죽이는 것은 너무도 잔혹하다고 생각한다. 우리는 약한 동물을 강한 동물이 죽여서 먹는 세계를 투쟁의 세계라고 생각하기 쉽지만 그럴 때 동물의 마음속에는 투쟁심은 일어나지 않는다. 특히 강한 쪽의, 잔혹하게 보이는 동물은 분노의 감정을 드러내지 않는다. 생각해보면 인간도 다른 동물에 못지않게 잔혹하다. 고기라든가 생선 같은 걸 먹고 살아가니까. 게다가 신선한 것이 맛있다는 말 따위를 하니까. 그리고 인간 역시 먹는 것을 죽일 때, 화를 내며 죽인다거나 하지는 않을 것이다. 잔혹한 짓을 하고 있구나 하고 느끼지 않는다. 여러분이 피가 뚝뚝 떨어지는 비프스테이크를 먹을 때조차도, 분노를 담아 소를 물어뜯으려 덤벼드는 자신의 모습은 상상도 하지 못할 것이다. 배가 고프니까 먹을 뿐이고,

배가 부르면 고양이도 아무리 주위에 쥐가 있더라도 그 이상 닥치는 대로 죽여 전부 없애거나 하지는 않는다. 쥐는 고양이가 보이기만 하면 두려움이 생기지만, 고양이는 쥐를 적으로서 증오하는 것은 아니다. 배가 고프다는 감정은 먹고 싶다는 충동을 불러일으킨다. 배가 약간 부르더라도 너무도 맛있는 음식이 있으면 먹고 싶다는 충동이 일어난다. 그러나 더 이상 도저히 먹을 수 없을 정도로 배가 부르면 아무리 맛있는 게 눈앞에 있어도 진절머리를 친다.

그런데 구역은 배가 고픈 것과는 상관없다. 먹이와 관계가 있긴 하지만 배가 고프거나 부른 것에 영향을 받거나 하지 않는다. 지금은 먹고 싶지 않아도 그것을 다른 경쟁자가 먹어치우게 되면 나중에 자신이 먹을 것이 없어질 위험이 있기 때문에 구역을 만들어 다른 경쟁자를 쫓아낸다. 그러므로 같은 것을 먹는 동물이 경쟁 상대이자 적인 것이다. 결국 자신과 같은 종류의 동물을 상대로 구역 싸움이 가장 격렬해지게 된다. 배가 고프다는 감각처럼, 배가 차면 가라앉고, 다시 먹지 않고 있으면 생겨난다고 하는, 일시적인 것이 아니다. 거기에는 지혜의 요소가 들어 있다. 동물이라도, 상당히 고등동물, 앞일에 대해 조금은 생각할 줄 아는 동물에게서 볼 수 있는 현상이다. 그리고 그 구역 의식에는 분노의 감정이 결합되어 있다. 동물은 구역을 침범당하면 분노한다. 그러나 침범을 범한 상대가 두렵고 강한 상대라면 퇴각한다.

하지만 언제까지고 퇴각하는 것은 아니다. 자신의 구역이 점차로 협소해지면 투쟁심이 강해지기 시작한다. 반대로, 상대방의 구역을 침범해 들어온 동물은, 자신의 근거지로부터 멀어지면, 점점 투쟁심이 약해지게 된다. 바로 그런 점 때문에, 적당한 곳에서 구역의 경계선이 정해지게 된다. 이러한 구역은, 하나하나의 동물에게는 피곤한 점이지만(같은 종류의 동물이 서로 싸우는 것이 이상하게 보일지도 모르겠다), 그 동물 종의 번영을 위해서는 쓸모가 있는 것이다. 이 구역 덕분에 같은 종류의 동물이 가급적 자신들이 살 수 있는 세계를, 지구상으로 넓혀 가게 만들기 때문이다.

그러한 동물보다도, 비교가 안 될 정도로 고등동물인 인간의 마음속에도, 마찬가지의 본능에 의해 움직여지는 면이 분명히 있다.

왜 형제끼리 싸울까

여러분은 이제 형제끼리 싸우기에는 너무 컸을지도 모르겠다. 혹은 최근에는 외동인 경우가 많으므로 싸우고 싶어도 형제 싸움을 할 수 없을지도 모르겠다. 나는 형이 두 명이 있는 집안의 막내였다. 그리고 남자 삼 형제인 집안은 상당히 격렬한 싸움이 일어난다. 큰형과는 여섯 살, 작은형과는 네 살 차이여서, 싸움을 해도 도저히 내게 승산이 없었다. 그래도 맹렬하게 형들에게 덤볐다.

그런데 부모님은 항상 형제가 싸움을 하면,

"너희들은 형제잖니. 형제라면 좀 더 사이좋게 지내야지"

하고 야단을 친다.

선생님도, 형제는 사이좋게 지내야 하고, 사이가 좋은 게 당연하다는 이야기를 했다. 따라서 형제끼리 싸우는 건, 싸우면서도, 하면 안 되는, 해서는 안 되는 일을 하는 기분이 들었다.

형제애에 관해서는 모리 모토나리(毛利元就(1497~1571). 일본 전국시대의 무장.)가 세 아들에게 세 개의 화살을 주었다는 교훈을 재료로 한 이야기를 어렸을 때 도덕 시간에 배운 적이 있다. 화살 한 개씩은 부러뜨릴 수 있다. 세 개의 화살을 한꺼번에 부러뜨릴 수는 없다. 세 형제가 힘을 모아 일치단결하면 전국시대일지라도 멸망하지 않을 수 있다는 이야기였다. 우리 집은 아들 삼 형제였기 때문에 부모님으로부터, 도덕 시간에 모리의 세 아들 이야기도 배우지 않았느냐고 야단을 맞았다.

자칫하면 도덕 시간에 배운 세 형제 이야기는, 형제라면 당연히 사이가 좋아야 하는 법이라는 것과 마찬가지로 들릴 수도 있다. 나의 부모님은 그렇게 생각했던 모양이다. 지금도 어떤가 하면, 형제는 사이가 좋아야 하는 게 당연한데 어째서 싸움을 하고 서로 미워하는 거냐, 이해할 수 없다고 생각하기 십상이다. 하지만 모리의 세 형제 이야기는 형제는 서로 싸우기 쉽다는 것이 전제가 된 교훈으로, 형제라면 당연히 사이가 좋아야 하는 법이라는 것과는 반대의 의미를 지니고 있다.

우리 안에는 형제간에 서로 으르렁대기 쉬운 성질이 본디부터 있다. 그래서 어느 집이든 형제가 있으면 싸우는 것이 당연하다. 하지만 내가 여러분들에게 그렇기 때문에 이왕 싸움을 하려면 크게 하라고 말하는 것은 아니다. 형제가 가장 싸우기 쉬운 존재이기 때문에, 형제는 사이좋게 지내지 않으면 안 된다는 가르침을 반복하는 게 인간에게는 필요하다고 생각한다. 당연한 일이라면 뭐 특별히 가르칠 필요는 없다. 모리의 세 형제 이야기도 전국시대에는 형제간의 싸움이 너무도 많았기 때문에 생겨난 것이다. 인간에게는 동물과 마찬가지로 형제간에 싸우려는 성질이 마음 깊숙한 곳에 있다. 그것은 인간이 동물처럼 생활하던 시대에는 종의 번영을 위해 쓸모가 있었을지 모르지만, 사회를 만들어 살게 되고부터는 처리하기 곤란한 게 된 것이다. 성장해서 형제끼리 싸우는 것은 자신들에게 손해라고 머리로 깨닫게 되면 자연히 형제간의 싸움은 없어지지만 그러한 지혜를 깨닫기 전에는, 이유야 어떻든 간에 형제는 사이좋게 지내지 않으면 안 된다, 형제라는 건 사이가 좋아야 하는 법이라고 강조해서 가르칠 필요가 있다. 생각해보면 분명히 여러분도 그러한 사실을 알 것이다.

그러한 형제간의 다툼은 앞에서 썼던 구역 의식이나 투쟁성과 관계가 있다. 다행히도 아이 때는 덩치도 작지만 힘도 약하다. 그러므로 집에서 형제가 싸움을 해도 일종의 스포츠가 되거나, 서로 치고받고 싸워도 혹 한두 개쯤 생기는 정도고 서로 간에 살상을 한다거나 하는 일이 벌어지지는 않는다. 그런데 대학생쯤 되어서 싸움을 하게 되면 둘 다 어른과 비슷한 힘을 갖고 있기 때문에 큰일이 벌어질 수도 있다. 하지만 그 정도 나이가 되면 인간은 지혜를 작동시켜서, 형제는 사이가 좋은 편이 양쪽을 위해 좋다는 것을 깨닫기 때문에 그다지 문제가 일어나지 않는다. 하지만 투쟁성이나 구역 의식은 결코 없어지지는 않는다. 오히려 좀 더 넓은 것 쪽으로 향해지게 된다. 바깥쪽으로 향함으로써 형제는 거꾸로 사이가 좋아지게 되는 것이다. 모리의 세 형제 이야기도 결국은 눈을 외부로 향하고 자신들의 투쟁심을 자신들 외의 적으로 향하게 해 우애 있는 형제 사이가 되라는 말과 마찬가지라고 나는 생각한다.

역사상 얼마나 많은 형제간의 싸움이 있었는지 셀 수 없을 정도다. 역사책을 읽으면 여러분도 그러한 사실을 알게 될 것이다. 모리 모토나리가 세 자식한테 사이좋게 지내라고 가르친 것은 그 때문이었다.

형제가 자연적으로 가장 싸우기 쉬운 성질을 가졌다는 생각은 왠지 싫다. 그러나 여러분이 자신의 마음속 깊은 곳을 들여다본다면 싫기는 하지만 그러하다는 사실을 알게 될 것이다. 예를 들어 나눠 먹어야 하는 과자가 생기면 그것이 형제간 싸움의 원인이 된다. 가장 큰 것을 누군가가,

"이거 내 거"

하고 말한다.

"싫어, 그거 내 거야"

하고 다른 한 쪽이 덤빈다. 별로 차이가 나지 않는데도, 형제 중 누군가가 들고 있는 게 커 보이고 자신의 것은 작다면 왠지 뭔가 도둑맞은 것 같은 기분이 든다.

여러분이 나중에 자식을 갖게 된다면 아이들을 공평하게

대하는 것이 얼마나 중요한 일인지 알 수 있을 것이다. 다른 집의 아이가 자신이 먹지 못하는 과자를 먹고 있는 것을 봐도 약간 부럽다는 생각이 드는 것이 고작이다. 그런데 자신의 집에서 형만 과자를 먹는다면 자신의 과자 반을 먹어버린 것처럼 화가 난다. 정말 이상한 일이다.

『성서』 중에 맨 처음 살인 이야기가 나오는 것은, 동생을 죽인 형 이야기다. 이런 이야기를 하면 여러분은 깜짝 놀랄지도 모르겠다. 하지만 그것을 알면 어째서 형제는 사이좋게 지내지 않으면 안 되는지를 비로소 알 수 있다. 그러한 것을 알 만한 나이가 된 사람은 형제간에 서로 양보하는 것이 필요하다고 생각하게 된다. 또한 그렇게 할 수 있다는 점이 인간이 동물이면서도 단지 동물인 것만은 아닌 면이기도 하다

인간의 마음을 들여다보면, 생각지도 못했던 면을 발견한다. 그것을 여러분도 알게 되었을 것이다. 인간의 마음은, 동물의 마음과 연결되어 있는 면이 분명히 있다. 인간도 동물의 하나이기 때문에 그것은 당연한 것이다.

그러나, 그렇다고 해서, 인간도 결국 동물에 지나지 않는다고 생각해서는 안 된다. 인간도 동물과 마찬가지로 본능적인 마음을 지니고 있다. 하지만, 그러한 본능에 따라 움직이기만

한다면 인간은 동물 상태에서 멈췄을 것이다. 그러나 인간은 분명히 동물과 다르다. 그리고 어떤 점이 다른가를 아는 것은 인간의 인간다움을 잘 알게 되는 것이 된다.

인간은 가장 가까운 인간에게 구역 의식을 가장 강하게 의식하고, 투쟁성을 가장 강하게 드러내 보인다. 형제라면 말없이 누군가가 자신의 방에 들어온 것만으로도 형제간의 싸움이 시작되기도 한다. 심할 때는 책상 위에 놓여 있는 무언가를 만졌다는 이유로 격렬한 싸움이 벌어진다.

형제가 아니라도 담을 사이에 둔 이웃집은 다투기가 쉽다. 한 집 건너에 있는 이웃과는 사이좋게 지내기 쉬운데 말이다. 이러한 사실은 여러분도 생활 속에서 분명히 이상한 일이라고 생각하고 있었을 것이다.

내가 이런 이야기를 하면 여러분은 인간의 마음에는 투쟁성 같은 싫은 것은 있구나, 없으면 좋을 텐데 하고 생각할지도 모르겠다. 그러나 투쟁성은 단단한 우정을 만들어내는 원천이기도 하다. 만약 이 투쟁성이 외부로 향해지면 안쪽에는 강한 우정으로 단결된다. 하지만 외부의 적이 없어지면 다시 투쟁성은 안쪽으로 향해지고 거기에서 분쟁이 일어난다. 역사를 읽어보기 바란다. 강한 적을 쓰러뜨리기까지 단단한 우정으로 맺어졌던 동료가 적이 쓰러진 뒤에 격렬히 서로를 증오하는 일이 얼마나 많은지 모를 것이다.

　이와 같이, 인간의 마음 깊은 곳에, 동물의 마음과 연결되는 곳이 있다는 것을 알았다. 그렇다면, 인간의 마음과 동물의 마음의 다른 점은 어떤 것에 있을까. 그리고 그것은 어떤 식으로 만들어져 온 것일까.

08 │ 인간이
잊어온 것

인간은 동물이란 사실을 잊어왔다

지금까지의 이야기로 우리의 마음속을 더듬어보면서, 여러
분은 인간의 마음이 그 깊은 곳에서 동물적인 본능과 연결되
어 있다는 사실을 알았을 것이다. 지구상에 동물이 나타난 것
은 벌써 수억 년이라는 아주 오래된 옛날 일이다. 그런데 이
지구상에, 지금의 우리와 같은 인간이 나타난 것은 그다지 오
래된 일이 아니다. 두 발로 서서 걸었던, 우리들의 선조의 것
인 듯한 유골이 여기저기 땅속에서 발굴되었지만, 가장 오래
된 것이라 해봐야 수십만 년 전에 불과하다. 수억 년과 수십
만 년, 시간상으로는 전혀 비교가 되지 않는다. 그리고, 그 수

십만 년 전의 선조와 지금의 우리가 어떠한 관계인가는 전혀 모르고 있다고 말할 수 있다. 그 옛날의 우리의 선조들이, 어떠한 것을 생각하고, 어떤 식으로 느꼈고, 어떤 것을 보고 마음이 움직였는지, 우리 주변에 있는 동물의 마음을 잘 모르는 것과 마찬가지의 정도로 우리는 모르고 있다.

조금씩 알게 된 것은, 수천 년 전, 인간이 문자를 만들어내서, 자신들이 느낀 것, 본 것, 알고 있는 것을 적게 되고 난 뒤부터이다. 그러나, 그 이전에도 인간에게는 마음이 있었을 것이고, 그 당시의 인간의 마음과, 지금의 우리의 마음 사이에는 연결되는 부분이 분명히 있을 것이 틀림없다. 그러나 그것을 망각하고 있는 것이다. 우리가 지금까지 마음속을 더듬어보면서 느낀 것은 나나 여러분의 마음에, 우리를 움직이게 하는 것이, 그러한 인류의 역사와 연결되어 있다는 것이다.

그러나 그러한 연결 부분은 우리들에 의해 완전히 망각되고 말았다. 알고 있는 거라고 해봐야, 불과 얼마 안 되는 사실밖에는 없다.

예를 들어 인간은 지금 어느 누구라도 전쟁 따위를 하는 것은 바보같은 일이라는 것을 알고 있으면서도 그런 전쟁을 하고 있다. 전쟁을 하고 있는 사람들한테 물어보면, 여러 가지 이유를 댈 것이다. 그러나 그 어떤 이유도, 전쟁으로 파괴되고 죽어간 사람들을 바라보면 바보 같은 이유라는 것을 알 수 있다. 그런데도 전쟁은 일어난다. 사실은, 입으로는 이것이 전쟁의 이유다, 라고 하지만 그것이 전쟁의 진짜 이유는 아니다. 좀 더 다른 자신도 알 수 없는 이유가 있는 게 틀림없다. 그 이유 중 하나가 인간의 투쟁성이다. 인간이 오랜 옛날부터 동물로서 갖고 있었던 게 틀림없는 것이다.

우리들이 스스로 자신의 행동이나 생각을 자각할 수 있는 부분, 마음의 그러한 부분을 의식된 부분이라고 한다. 그런데 그 의식된 부분은, 의식되지 않은, 자신도 알 수 없는 부분에 의해 받쳐지고 있다. 풍선이 안에 있는 보이지 않는 공기에 의해 부풀어오른 것과 마찬가지로 말이다.

그리고 그 눈에 보이지 않는 부분을 무의식이라고 부른다.

무의식이란 말은 여러분도 이따금 들어본 적이 있을지도 모른다. 그러나 아마도 그것이 어떤 것인지 별로 생각하지 않았을 것이다. 하지만, 그것은 여러분의 생활과 무척이나 관계가 깊다.

예를 들어 여러분이 특별한 이유도 없는데, 시험을 못 봐 안 좋은 성적을 받았다고 하자. 그것이 무의식적으로 여러분의 아버지에 대해 반항해 실망시키고 애를 타게 하고 싶은 마음의 결과일 수도 있다. 그렇게 하게 만드는 무의식이란 것을 이제 여러분과 함께 생각해보자.

불결하다는 것은 어떤 것

예를 들어, 식사를 하고 있을 때, 밥이 식탁이나 바닥에 떨어진다. 그러면, 여러분은 떨어진 것을 더 이상 먹지 않는다. 불결하기 때문이다. 그 불결하다는 것은 무엇일까.

지금의 우리들은 곧잘 이런 식으로 설명한다. 밥그릇은 깨끗이 씻어졌기 때문에 안 좋은 세균 같은 것이 붙어 있지 않다. 하지만 바닥이나 식탁 위에는, 어떤 병을 일으키는 세균이 붙어 있을지도 모른다. 그러므로, 거기에 떨어진 음식 같은 것을 주워 먹으면 병에 걸릴 우려가 있다. 그러한, 병을 일으키는 세균이 붙어 있을 것 같은 곳이, 더럽고, 불결한 장소라고.

이러한 설명을 들으면, 우리는 왠지 모르게 알 것 같은 기분이 든다.

또 여러분은, 학교에서도 집에서도, 식사 전에는 반드시 손을 씻으라든가, 화장실에 다녀오면 반드시 손을 씻으라는 말을 들어왔을 것이고, 또 그렇게 해왔을 것이다. 그것은, 무슨 이유에서일까. 평소에 우리는 손으로 온갖 물건을 만진다. 따라서 손에는 안 좋은 세균이 붙어 있을지도 모른다. 손을 씻지 않고 식사를 하면, 그러한 세균이 입에 들어가 병에 걸릴지도 모른다. 그러므로 병에 걸리지 않도록, 식사를 하기 전에는 손을 씻지 않으면 안 된다. 여러분은 그러한 설명을 듣고, 일리가 있다고 생각한다.

이렇게, 불결한 것을 피하고, 청결에 신경을 쓰는 것은, 결국은 병에 걸리지 않기 위해서이다, 라고 인간은 생각해왔다. 결국 청결이라고 하는 것은 인간이 자신을 병으로부터 지키려는 본능적인 성질이 만들어낸 것이라고 생각하고 있다.

만약, 여러분에게 장난치고 싶은 마음이 있다면 학교의 선생님이든 여러분의 어머니에게든, 왜 식사하기 전에는 손을 씻지 않으면 안 되느냐고 질문을 해보자. 분명히

"넌, 아직도 그런 간단한 사실을 모르는 거니"

하고 야단을 맞으리라는 것은 보증한다.

하지만, 그렇지만 모르는 걸요, 하고 시치미를 떼면, 분명히 세균이나 전염병 이야기 따위를 해줄 것이 틀림없다.

그러나 그것이 사실일까. 불결하다는 생각은 인간이 세균으로 인해 병에 걸린다는 사실을 알기 전부터 갖고 있었다. 화장실에 다녀올 때 손을 씻는다는 습관은 세균 같은 것을 알기 훨씬 전부터 있었다. 일본에서는 식사 전에 손을 씻는 습관보다 화장실에 다녀올 때 손을 씻는 습관 쪽이 더 오래됐다. 그렇게 생각하면 아무래도 위생이라는 점 때문에 손을 씻는 것은 아닌 것 같다는 기분이 들기 시작한다.

결국, 지금에 와서는 뭔가가 불결하다는 것은 병의 원인이 될 수 있는 비위생적인 것이라고 생각되지만, 그렇게 생각하게 된 것은 아주 최근이라는 것을 알 수 있다. 최근이라고 해도 인류의 역사를 생각하고서 그렇게 말하는 것이기 때문에, 약 백 년 정도 전까지의 일을 나는 최근이라는 말로 표현하는 것이므로 오해가 없기를 바란다.

생각해보면 알 수 있는 일이지만, 지구상에 있는 동물 중에서 손을 씻고 식사를 하거나 화장실에 다녀오면 반드시 손을 씻는 습관을 갖고 있는 것은 인간뿐이다. 그럼에도 다른 동물들이 그로 인해 병에 걸려 죽어가는 일도 없다. 그렇게 생각하면 손을 씻는다는 것, 손의 더러운 것을 씻는 것은 병으로부터 인간을 지키기 위해 반드시 필요해서 본능적으로 인간이 해온 것은 아닌 듯하다. 뭔가 우리가 모르는, 우리 안에 있는

138

어떤 것, 그러니까 무의식이 그렇게 하게 만들고, 그것을 의식은 병이나 비위생적이라는 말로서 설명하고 있을 뿐이다.

그렇게 생각하면 더러운 것이란, 비위생적이고 세균이 묻은, 인간의 건강에 위험한 것이라는 의미가 아니라 부정해진 것으로서 꺼리게 되었다는 것을 알 수 있다.

손을 몇 번이고 씻고 싶어진다

나는 정신과 의사이기도 하므로, 내 사무실로 이런 상담을 하러 오는 사람이 있다. 손을 아무리 여러 번 씻어도, 여전히 더럽다는 기분이 들어서 걱정이라는 것이다.

이것은 불결공포라는 이름이 붙은, 신경증이라는 병의 일종이다. 확실히 이런 사람들을 보면 여러분도 이상하다고 생각할 것이다. 이런 사람들은 또 일상생활에서 접하는 물건들이 더러워서 만질 수가 없다고 말한다. 예를 들어 전철에 타면 손잡이가 있지만 어디에 사는 누가 잡았는지도 모른다고 생각하면 불결해서 잡고 싶은 마음이 들지 않는다. 학교의 책상 같은 것도 마찬가지의 이유로 더럽다고 생각한다. 그리고 더럽지만 도저히 손을 대지 않으면 안 되는 경우나 무심코 만지고 만 경우가 있다. 그러면 큰일이 난다. 몇 번이고 손을 씻어, 자신의 손에 묻은 더러움을 씻어내려 한다. 그러나 아무리 씻어도 그 더러움이 완전하게 씻어진 것 같지 않은 기분이 든다.

스스로도 그러는 자신이 약간은 바보같다고 생각한다. 다른 사람들은 아무렇지도 않게 물건을 만지고, 그렇게 손을 여러 번 씻지도 않는다. 그런데도 특별히 병에 걸린다거나 하지는 않는다. 그러므로 이런 어처구니없는 일로 걱정하는 자신이 이상하다고 생각한다. 한심한 데 신경을 쓰고 있다고 생각한다. 하지만 막상 그런 일이 닥치면 그 더러움을 신경 쓰지 않을 수 없다.

여러분이 왜 이렇게 바보같지 하고 생각하는 것도 당연하다. 정작 당사자인 본인조차 자신의 염려가 바보같다고 느끼고, 사리에 맞지 않다고 생각하기 때문이다. 그러나 그 사람한테, 아무리 걱정해도 아무 소용이 없어, 걱정하지 마, 하고 말해도 신경증은 나아지지 않는다.

그런데 여러분은 그런 사람과 자신은 완전히 다르다고 생각하는가. 나와는 상관없는 이야기라고 생각하는가. 사실은 그렇지 않다.

예를 들어 내가 어떤 사람의 오줌을 컵에 담는다. 그리고 그것을 부어버린 뒤 세제로 깨끗이 컵을 닦는다. 세심하게 닦아냈기 때문에 더 이상 그 컵에는 아주 약간의 오줌도 묻어 있지 않다. 그 컵은 완전히 깨끗한 셈이다. 그러나 그 컵에 물이나 주스를 따라 여러분에게 마시라고 한다면 어떨까. 실제로는 깨끗하니까 아무렇지도 않아, 하면서 마실 수 있을까. 분명히, 싫은 생각이 들 게 틀림없다. 마신다 해도 오기로 애써 버티면서 억지로 마실 게 틀림없다. 그 컵을 몇 번이고 씻는다 해도 여러분은 아직 완전하게 깨끗해지지 않았다는 기분이 드는 게 아닐까. 아마 백 번을 씻는다 해도 여러분에게는 처음에 컵에 담겨 있던 오줌이 신경 쓰일 게 틀림없다.

그렇다고 한다면 앞에서 이야기했던 신경질적으로 손을 씻고 씻어도 아직 더럽혀져 있다는 기분이 드는 사람과 여러분은 어디가 다를까. 머리로는 알고 있지만, 아무래도 마음이 개운치 않다는 점에서는 마찬가지가 아닐까.

여러분과 그 신경증 환자의 차이는 여러분이 오줌이 더럽다고 생각할 뿐인데 비해 그 사람은 전철의 손잡이도 학교의 책상도 오줌과 마찬가지로 더럽다고 생각한다는 점이다. 그런데 오줌은 그렇게 더러운 걸까. 세균에 관해 생각한다면 인간의 오줌만큼 깨끗한 것은 없다. 건강한 사람의 오줌은 여러분의 손보다도, 아니 그 정도가 아니라 수돗물 같은 것보다도 훨씬 세균이 적다. 만약 여러분이 의학을 배워 인간의 병에 관해 알게 된다면 그러한 사실을 곧바로 알 수 있다. 따라서 여러분은 여러분이 별 어리석은 걱정을 다하네 하고 생각한 신경증 환자, 전철 손잡이를 잡지 않고 잡았다면 열 번 이상 비누로 손을 씻는 사람들보다도 더 어리석은 걱정을 하고 있다고 할 수 있다.

　그럼 우리가 불결하다, 더럽다고 느끼는 것이 비위생적이고 건강에 해로운 것이기 때문이 아니라면 그것은 어떤 의미를 지니고 있는 것일까. 그것에 관해 앞에서 약간 언급했을 것이다. 아직 잊어버리지 않았으리라 생각한다. 맞다, 그런 우려의 안쪽에 위생이나 세균과 관계가 없는 부정이라는 생각이, 무의식적으로 잠재해 있는 것이다.

　부정, 그것은 옛날의, 사물에 대해 과학적인 시각을 몰랐던 인간의 생각이다. 오줌은 더러운 것이 아니라 부정 탄 것이었다. 우리의 선조는 그다지 육식을 하지 않았던 것 같다. 짐승, 네 발 달린 동물은 부정 탄 것이라 여겼기 때문이다. 여자도 부정 탔다고 생각한 경우가 있었던 것 같다. 지금도 여자가 오르면 부정 탄다고 하며 오르지 못하게 하는 산, 여인에게는 입산이 금지된 산이 남아 있다.

인도에는 불가촉천민이라 불리며 사회의 멸시를 받는 사람들이 있다. 인도에는 오랜 세월 동안 카스트라고 불리는 계급제도가 있었다. 그 가장 아래 계급의 가난한 사람들이 불가촉천민이라 불렸다. 확실히 그 사람들은 가난해서 더러운 옷차림을 하고 있었을 것이다. 병에 걸리는 사람도 많았을지 모른다. 그러나 그렇기 때문에 만지면 위험하다고 옛날 사람들이 여겼으리라는 생각은, 세균을 거론하면서 불결을 생각하는 것과 마찬가지로 의미가 없다. 옛날 사람들은 그 사람들을 더럽다고 생각한 것이 아니다. 부정 탔다고 생각했던 것이다. 부정이란 것은 씻는다고 해서 씻어지는 것이 아니다.

부정이란 어떤 것일까. 그것을 알기 위해서는 옛날 사람들이 어떻게 사고했는지를 알아야 할 필요가 있다.

현대를 살고 있는 우리는, 인간이 어째서 병에 걸리는지, 인간에게 왜 재해가 덮치는지 과학적으로 밝혀내려 한다. 아직 우리는 그런 원인을 완전하게 밝혀내지 못했고 모르는 사실도 엄청나게 많다. 그러나 모르는 사실을 신의 저주라거나 자신이 악마에게 씌었기 때문이라고 생각하거나 하지는 않는다.

하지만 옛날 사람들은 아마도 그런 식으로밖에는 생각할

수 없었을 것이다. 그러한 습관은 지금도 남아 있다. 시골에 가면 어떤 집에 연달아 안 좋은 일이 일어났을 때 신의 저주가 내렸다는 말을 흔히 쓴다. 그리고 그러한 저주를 없애기 위해서는 신에게 액막이 제사를 지내거나 스님에게 공양을 하거나 하지 않으면 안 된다

여러분이라면, 신의 저주 따위 미신이야, 하고 생각할 수 있겠지만, 나이 든 사람 중에는 액막이 제사라든가 부정을 씻는 의식 같은 것을 하지 않으면 만족하지 못하는 사람도 많을 것이다. 그 저주란 것은 세균이나 독에 의해 더럽혀진 게 아니라, 신의 저주를 받을 수 있는 악으로, 부정 탔다고 하는 것이다. 씻어낼 수 있는 더러움이 아니라 의식으로 정화되는 부정인 것이다. 말의 뉘앙스가 다르다는 것을 여러분은 알겠는가. 우리의 할아버지 할머니도 이러한 신의 저주를 믿었을 정도이므로 수백 년, 수천 년 전의 옛날 사람들은 거의 전부 이런 사고방식을 가졌다 해도 이상할 것은 없다.

자동차에 있는 부적 주머니

여러분은 이따금 자동차 안에 매달려 있는 부적 주머니를

본 적이 있을 것이다. 그 부적 주머니 덕분에 자동차에 사고가 일어나지 않는다고 생각하지는 않을 것이다. 사고가 일어나지 않게 하려면 주의 깊게, 운전자들이 교통 규칙을 지키면서 운전하는 것이 가장 중요하다. 그러나 부적 주머니와 비슷한 것을 우리는 어렸을 때 자주 목에 걸었다. 부적에 들어 있는 신이 우리를 지켜준다고 나이 많은 어른들은 얘기했다.

옛날 사람들은 자신들을 지켜주는 신이 있다고 생각했다. 부적을 소지하는 습관도 그런 생각의 흔적이라고 할 수 있다. 때로는 어떤 특별한 동물을 신이 모습을 바꾼 것이라고 생각하는 경우도 있는 듯하다. 그리고 그 동물이 자신들의 일족을 지켜주는 신으로서 숭배되었다. 그것이 토템이라는 것이다. 아메리카 인디언의 토템폴(전통적인 아메리카 원주민 사회에서 토템의 상을 그리거나 조각한 기둥으로 우리의 장승과 비슷하다고 할 수 있다.) 같은 것을 여러분은 사진으로 본 적이 있을 것이다. 그런 토템은 각각의 부족에 따라 다르지만, 그 부족원들에게는 아주 소중한 것이었다. 일본에는 아메리카 인디언과 같은 형태의 토템은 남아 있지 않지만 어떤 특별한 동물은 신성한 동물이어서 죽이면 하늘에서 벌이 내린다고 생각했다. 여우라든가 너구리라든가 사슴 등 그 외에도 여러 가지가 있을 것이다.

그러한 수호신 같은 것과는 별도로 터부라는 것도 있었다.

그것은 어떤 사항이라든가, 물건이라든가 인간 등으로 신성해서 건드려서는 안 되는 것으로 정해졌다. 건드리면 벌이 내린다고 해서 사람들은 두려워했다. 이 터부에는 신성하기 때문에 건드려서는 안 되는 것과 그와는 반대로 부정을 탔기 때문에 건드려서는 안 된다고 정해진 것이 있었다.

이러한 토템과 터부는 지금도 미개의 원시인의 생활에 남아 있는데, 그것이 연구되어 우리 선조들의 생각 속에도 비슷한 사고방식이 있었다는 것이 확인되고 있다.

수호신이 자신들에게 있다고 생각한다면 다른 무리에도 그들의 수호신이 있다. 그러한 적의 수호신은 자신들에게는 나쁜 일을 일어나게 만드는 게 틀림없다고 생각하는 것도 당연하다. 또 인간에게는 재난이나 불행이 일어난다. 그러면 좋은 신과 나쁜 신, 그러니까 악마라든가 악령 같은 게 있다고 생각하지 않을 수 없게 된다. 이런 토템에 관한 생각은 옛날의 여우에게 홀렸다 같은 말과 관계가 있다. 그 밖에도 역신疫神 같은 것이 인간에게 달라붙어 병을 일으킨다는 옛날이야기는 자주 보인다.

터부의 경우에도 그 생각은 여러 가지 형태로 나타난다. 어떤 사람이 신성해서 건드려서는 안 된다면 사람에게는 두 종류가 있다는 말이 된다. 신성한 인간의 입장에서 보자면 평범한 인간은 신성에 부정을 타게 하는 인간이다. 이렇게 되면 평범한 인간보다도 부정 탄 인간을 만들어내게 되는 방식도 알 수 있을 것이다 왕이라든가, 귀한 집 도련님 같은 인간들이 신성해서 건드려서는 안 된다면, 불가촉천민처럼 부정을 탔으므로 건드려서는 안 되는 인간을 생각해내는 것도 당연하다.

지금 여러분은 이러한 인간의 차별을 당치 않다고 생각할수 있다. 그러나, 그것이 어떻게 해서 그렇게 된 것인지 알지 못하면, 지금 우리가 살고 있는 세계에도 있는 인간에 대한차별을 없앨 수 없을 것이다. 일본에도 터부에 대한 옛날의이런 생각으로부터 생겨난 인간 차별이 남아 있다. 직업에 귀천이 없다는 말을 곧잘 쓰는데 그렇게 말하는 것은 옛날에는직업으로 인간을 차별해 왔기 때문에 그런 생각을 우리의 머릿속에서 쫓아내려 하는 것이다. 따라서 학교에서 선생님이여러분에게 직업에 귀천이 없다는 이야기를 하지 않으면 안되는 동안에는 아직 직업으로 차별받는 인간이 남아 있다는말이다. 나는 그것이 부끄러운 일이라고 생각한다. 여러분은인간이 인간을 차별하는 경우를 보면, 낡은 생각이군, 원시적인 마음을 가진 작자군, 하고 비웃어주기 바란다.

불결공포증과 터부

손을 몇 번이고 씻지 않으면 안 되는 사람에 대한 이야기에서 시작해서 직업의 귀천 같은 이상한 방향으로 이야기가 흐르고 말았다. 그러나 이상한 방향이라고 생각하는 것은 그 둘 사이에 연관성이 없다고 생각하기 때문이고, 지금쯤은 여러분도 그런 관련이 있었던가 하고 알아챘을 것이라고 생각한다. 이렇게 우리 마음의 무의식에서 관계가 없다고 생각했던 것이 실은 연관되어 있기도 하다.

손을 아무리 여러 번 씻어도 손이 더럽다는 기분이 드는 것은 더러움을 염려해서가 아니라 부정 탄 것을 염려하고 있는 것이다. 하지만 그것은 무의식 속에서의 일이고 자신도 확실하게 알 수가 없었던 것이다.

우리의 일상생활 속에는 아직도 그러한 터부가 남아 있다. 특히 성에 관한 것이나 오줌이나 똥과 관계있는 것에 터부가 많이 있다. 그것은 부정을 탄 것이라고 생각되었던 것이다.

일본에는 화장실을 고부조御不浄라든가 테아라이手洗(모두 변소나 화장실에 대한 완곡어이다.)라고 말한다. 고부조라는 표현은 말 그대로 깨끗하지 않다, 결국 부정 탄 장소라는 의미다. 테아라이라는 말은 에두른 표현으로서 변소라는 말을 입에 담으면 입이 부정을 타므로 그런 식의 표현 방식이 생겨났을 것이다.

그것에 관해서는 여러분도 바로 이해할 수 있으리라고 생각한다. 그러나 우리의 생활 깊숙한 곳까지 터부가 들어와 있는지 어떤지는 다소 막연하게 느껴질 수도 있다. 하지만 여러분은 싸움 같은 것을 할 때, 싸움 상대에게,

"뭐야, 이 똥덩어리 같은 자식"

같은 말을 한 적이 없을까.

그 밖의 경우에도 '제기랄' 같은 말을 사용할 때도 있다. '제기랄(畜生. 일본어로 '칙쇼'라고 읽는데 한자의 원래 의미는 '짐승'이다.)'이라는 말은 짐승을 의미하지만 보통의 짐승을 다 의미하는 것이 아니다. 동물 중에서도 다리가 네 개 달린 것은 일본에서는 부정 탄 것으로 예전부터 여겨져 왔다. 오랜 세월 동안 짐승의 고기는 부정 탄 것으로 여겨 먹지 않았다. 만약 먹게 되는 경우에도 평소에 쓰는 냄비 등을 사용하지 않고 농기구인 쟁기 같은 데 올려놓고 구워 먹었다. 이러한 이야기가 사실이라면 역시 부정 탄 것을 끓인 냄비는 아무리 씻어도 부정 탔다고 생각했던 증거일 것이다.

그리고 그런 말은 여러분도 아버지나 어머니 앞에서 입에 담기 힘든 말일 것이다. 그런 말을 하면 "지금 뭐라 그랬니"

하고 야단맞을 것이다. 그러므로 그러한 터부의 표현은 자신들에게가 아니라, 화가 나거나 아니꼬운 상대에게 던진다. 상대에게 상처를 주고 부정을 타게 하기 위해서이다.

이런 식으로 자신의 주변을 둘러보거나 자신이 무의식적으로 사용하는 말들을 확인해보면 어느 정도나 터부가 현대에도 남아 있는지를 알 수 있다.

나의 진료실로 온 불결공포증 환자는 아직 젊은 남자였는데 여자를 싫어했다. 여자친구도 없었다. 그리고 어머니한테 어리광을 부리는 마마보이였다. 여자아이 따위는 흥미 없다며 모형 권총에만 관심이 있었다. 이미 고등학생이었는데 말이다. 그런데 이 고등학생 남자아이가 정말로 여자아이한테 흥미가 없었는가 하면 사실은 그렇지가 않다. 다만 여자아이와 사귀는 게 왠지 불결하다고 느끼고 있었다. 하지만 남자아이와 여자아이가 사귀는 게 왠지 불결한 느낌이 든다고 생각하는 건 이 남자아이만이 아니다. 누구라도 약간은 그런 느낌을 갖고 있다.

예를 들어 남자아이와 여자아이가 너무 사이좋은 모습을 보고 샘이 난 친구가,

"불결해"

같은 말을 하는 걸 여러분은 본 적이 없는가. 아마도 있을

것이다. 내가 어렸을 때도 그런 일은 곧잘 있었다.

그 남자아이의 경우는 이성을 의식하게 되고부터, 자신의 주위에 있는 물건, 자신이 가지고 있는 물건을 사람들이 만지는 것이 신경이 쓰이게 되었다. 그리고 모형 권총에 열중하게 되었다. 모형 권총은 남자에게 상당히 어울리는 장난감이다. 그 아이는 남자다움을 여자에 대한 부드러움이나 친절함 같은 것으로 드러낼 마음이 없었던 것이다. 그래서 모형 권총을 자랑하는 것으로 남자다움을 과시하고 싶었던 것 같다.

따라서 그 남자아이의 무의식 속에는 불결공포와 여자아이에 대한 혐오, 모형 권총에 열중하는 것이 전부 연결되어 있을 것이다. 여러분에게는 조금 어려울지도 모르겠는데 잘 생각해보면 이해할 수 있을 것이다.

무의식 속에 살아 있는 옛날

지금까지 이야기한 것으로도 알 수 있겠지만 21세기를 사는 우리들의 마음속에는 옛날 사람들의 마음에 있었던 것이 무의식 속에 살아 있다.

지난 20세기는 과학이 만능인 시대인 것 같다. 무엇보다도 인간이 달에 다녀온 시대인 것이다. 비행기는 소리보다도 더 빨리 날 수 있고, 컴퓨터가 인간 한 사람이 십 년을 걸릴 계산을 순식간에 해치울 수 있게 되었다. 인간의 심장을 이식하는 수술도 행해지게 되었다. 게다가 그러한 것들을 전부 인간이 만들어냈기 때문에 지금의 인간은 옛날의 인간과 완전히 달라진 것 같은 느낌이 든다. 그러한 인간이 이천 년, 삼천 년 전의 인간과 비슷한 생각을 갖고 있다니 왠지 그럴 것 같지 않다는 생각이 들지만 실제로는 그렇다.

아니, 그것뿐만이 아니다. 그 좀 더 깊은 곳, 무의식의 밑바닥에는 다른 동물들과도 같은, 동물의 한 종으로서의 마음의 움직임, 그러니까 본능이 있다. 그러나 그것들은 마음속 깊숙이 묻혀 있어 우리들은 의식하지 못한다. 바꿔 말하면 망각해온 마음의 일부분이라고 할 수 있다.

그러나 망각해왔다고는 해도 이러한 마음의 부분은, 여러분이나 나도 한 번은 분명히 의식한 적이 있지 않을까. 그러니까 기억하고 있는 것이 있냐 하면 그렇지 않다. 마치 공기를 호흡하면서 살면서도 많은 동물들이 그것을 한 번도 의식하지 않고 있는 것처럼 의식하지 못한다. 그렇지만 다른 민족이라든가 다른 동물들과 비교해 볼 때 그러한 차이가 확실해지면서 우리들의 마음속에 남아 있는 것을 확인할 수 있다.

이러한 면이 있기 때문에 인간은 다른 동물들과 달리 아무리 다른 민족들 사이에도 무언가 공통된 것을 지니고 있어서 서로 이해할 수 있다는 느낌이 들고, 같은 민족인 인간에게는 무언가 마음이 통하는 부분이 있다고 느끼는 것이다. 반대로 다른 점만을 본다면, 같은 인간이라도 인종이 다르고 역사나 환경이 달라서, 이 정도로 다른가, 민족이 다르면 도저히 서로 이해할 수 있을 것 같지 않은 느낌이 들기도 한다.

그런데 만약 우리가 어째서 같은 인간인데도 이렇게 달라졌는가, 그러니까 우리가 망각해온 마음의 부분, 무의식의 부분을 알 수 있다면 다르다는 것을 안다고 하더라도 서로가 무엇 때문에 달려졌는지 이해할 수 있을 것이다.

이러한 우리의 마음속에 있는 망각해온 부분으로 같은 역사나 환경과 관계있는 부분을 집합적 무의식이라고 부른다. 스위스의 심리학자 카를 융이 그런 이름으로 부르기로 한 것이다.

융은 세계의 신화나 풍속을 비교해 인류 전체가 얼마만큼 공통의 집합적 무의식이라는 것을 갖고 있는지를 우리에게 알려주었다.

그런데 우리들의 마음에는 또 하나의 망각된 부분이 있다. 그것은 한 번은 우리들의 마음에 확실히 기억되어 있었는데 성장함에 따라 망각된 부분이다. 그것은 만약 떠올리려 한다면 떠올릴 수도 있는 부분이다. 이해하기 쉽게 이야기하자면 여러분이나 나 한 사람 한 사람의 역사에서 잊혀진 부분이다. 같은 방식으로 이야기하자면 집합적인 무의식은 민족이나 인류의 잊혀진 역사라고 말할 수 있을 것이다.

물론 그 두 가지는 제각기 다른 것이 아니고 연결되어 있다. 그 한 사람 한 사람의 무의식이라고 하는 잊혀진 마음의 부분을 파헤치고, 그리고 무의식이라는 이름을 거기에 붙인 사람은 프로이트였다. 아마도 프로이트라는 이름은 너무도 유명하기 때문에 여러분도 한두 번은 분명히 들어본 적이 있을 것이 틀림없다.

프로이트는 오스트리아의 정신과 의사였다. 그리고 마음에 병이 있는 환자들을 치료하면서 마음의 망각된 부분이 마음의 병을 만든다는 것을 발견했다. 그렇지만 프로이트가 위대한 것은 거기에서 병이 아니라, 자신이 건강하다고 생각하는 모든 인간의 마음에는 무의식이 있어서 그것이 우리들의 마음을 떠받치고 있다는 것을 간파한 데 있다.

결국 우리가 의식하고 있는 마음은 건물의 눈에 보이는 부분이고 그 눈에 보이지 않는 곳에 무의식의 기둥이나 대들보가 있어 전체를 떠받치고 있다는 것을 발견한 것이다. 건물을 세울 때는 그러한 부분이 보이지만 건물이 다 만들어지고 나면 우리는 그러한 것들의 모습을 더 이상 알 수 없다. 또 그 기둥이나 대들보 같은 것을 만드는 방식은 한 사람 한 사람의 목수에 따라 다르고 목수 각자의 방식에 따라 제각각이다. 무의식이란 바로 그런 것이다.

프로이트는 그 마음의 눈에 보이지 않는 구조를 발견하고 그 구조를 밝혀내려 했던 것이다.

09 | 무의식의
세계

왜 사람들은 프로이트에 반대할까

프로이트는 19세기 말경, 이 무의식 세계의 뒤틀림이 인간의 마음의 병을 만든다는 것을 발견했다. 그리고 그것이 출발점이 되어, 정신분석이라고 하는 마음의 깊은 곳을 조사하는 연구가 이루어지게 되었다.

그런데 프로이트는 그런 생각을 발표했을 때부터, 그런 생각은 거짓말이라든가, 믿을 수 없다라든가, 많은 사람들의 반대를 받았다. 오늘날에조차 아직 프로이트의 생각을 이해하지 못하겠다, 믿을 수 없다고 하는 사람들도 있다. 그러나 지금 여러분도 나도, 프로이트가 발견해서 가르쳐준 생각을 머릿속에 갖고 있지 않은 사람은 없다. 자신은 모르지만 프로이트의 생각을 극히 당연한 것으로서 사용하고 있다. 예를 들어 "기분을 발산시킨다" 같은 말을 우리는 가볍게 한다. 그러나 그런 사고는 프로이트 전에는 없었다. 욕구불만 같은 말을 누구든지 쉽게 말한다. 하고 싶은 게 있어도 할 수 없는 경우가 있다. 자기 스스로 하면 안 된다고 억제하고 있는 것이다. 그러면 마음에 뭔가 개운치 않은 응어리가 쌓이는 기분이 든다. 그럴 때 "나는 욕구불만을 느낀다" 같은 말을 할 것이다. 그런 말은 누구라도 하고 실제로도 그렇다고 생각한다. 그리고 그것이, 프로이트가 무의식을 발견하지 않았다면 사용하지 않았을 것이라고 생각할 수 있을까.

결국 프로이트의 생각은 어느덧 올바른 것으로서 모든 사람이 받아들이게 되었다. 게다가 그런 생각은 프로이트가 말하기 이전부터 인간이 알고 있었던 것처럼 생각된다. 그런데 프로이트가 무의식의 세계에 있는 여러 가지 것들을 발견해서 발표했을 때 당시 사람들은 그런 것은 프로이트의 다소 이상한 머릿속에 있는 꿈과 같은 것이라고 치부하며 상대도 하지 않으려 했다. 지금의 기준으로 생각하면 놀라울 정도이다.

그러나 그것도 당연한 일이었다. 왜 확실한 진실이 사람의 마음에서 받아들여지지 않는지 그 이유를 프로이트의 생각이 우리에게 설명해준다.

인간은 지구가 평평하다고 생각했다. 그리고 태양이나 별이 하늘을 돌고 있다고 생각했다. 그러나 코페르니쿠스라는 사람이 약 5백 년 전에 지구가 움직인다는 말을 하기 시작했다. 마젤란은 지구를 일주해서 지구가 둥글다는 것을 확인시켜 주었다. 하지만 그것이 인간에게 이해되기까지는 엄청나게 큰 반대가 있었다. 그렇다면 어째서 그렇게 확실한 사실이 받아들여지지 않았던 걸까. 여러분은 어렸을 때 지구가 둥글다는 말을 어른으로부터 들었을 때 이런 식으로 생각하지 않았을까.

"지구가 둥글다고. 그렇다면 반대쪽에 있는 사람은 어째서 떨어지지 않는 거지?"

"지구가 둥글고 반대쪽에도 사람이 있다면, 그 사람들은 거꾸로 서 있는 건가?"

나도 어렸을 때 그런 걱정을 했다. 따라서 옛날 사람들도 지구가 둥글고 빙글빙글 돌고 있다는 얘기를 듣는다면 아마도 나와 비슷한 걱정을 했을 게 틀림없다. 그런 걱정이 지구는 둥글다고 생각하지 못하게 만드는 방해 요인이었을 것이다.

만약 지구가 둥글다고 생각한 것에 더해, 그래도 밑에 있는 사람들이 떨어지거나 하지 않는 게 사실이므로 왜 떨어지지 않는지 이유가 있을 것이라고 생각했다면 뉴턴보다 먼저 중력을 발견할 수 있었을 것이다. 그러나 뉴턴처럼 생각할 수 있었던 사람은 그 이전에는 없었다. 그 점에서 아무리 확실한 진실이라 하더라도 자신이 불안해질 것 같은 사실은 인정하지 않으려는 마음을 인간은 갖고 있다는 것을 알 수 있다. 그러한 마음속으로 받아들이고 싶지 않은 기분을 저항이라고 한다. 우리 마음속에 있는 저항이라는 것을 발견한 사람도 프로이트였다.

프로이트는 무의식이 지니고 있는 힘을 발견했을 뿐 아니라, 자신의 발견이 다른 사람들에게 좀처럼 받아들여지지 않으리라는 사실도 발견한 것이다. 따라서 그의 올바른 생각이 많은 사람들에게 받아들여지기까지는 오랜 시간이 걸렸고, 커다란 반대에 직면하리라는 것을 프로이트 스스로도 알고 있었다. 이러한 발견을 한 것이 얼마나 얄궂은 일인가를 스스로 알고 있었다. 그럼에도, 아니 그렇기 때문에, 그는 엄청난 반대에 부딪혔어도 낙담하지 않을 수 있었다.

그렇다면 왜 프로이트의 발견은 그렇게 커다란 저항을 불러왔을까. 만약 프로이트가 말한 것처럼 우리들의 마음에 우리들로서도 알 수 없는, 그리고 생각하기도 쉽지 않은 무의식이라는 것이 있어서 그것에 의해 자신들이 움직여진다고 생각한다면 불안해지지 않을까. 분명히 불안해질 것이다. 왜냐하면 그 정체도 알 수 없는 무의식이라는 것에 의해 자신이 움직여져 어떤 행동을 해버릴지 모른다는 기분이 들기 때문이다. 뭔가 엄청나게 나쁜 짓을 해버릴지도 모른다, 부끄러운 행동을 해버릴지도 모른다고 생각하면 차분하게 있을 수 없을 것이다. 그러나 그것은 지구의 아래편으로 가면 지구에서 떨어질지도 모른다는 걱정과 비슷한 게 아닐까. 그렇다, 그것과 똑같은 걱정이다.

우리가 모르는 무의식이라는 것에 자신이 움직여지는 것은 분명하지만 그럼에도 우리가 납득할 수 없는 행동을 일 년 내내 하지 않는다는 것도 사실이다. 그 이유가 무엇 때문인지를 생각하면 뉴턴이 만유인력을 발견한 것처럼 분명히 무의식 속에 있는 구조를 발견할 수 있었을 것이다.

인간이 무의식에 의해 움직여지고 있는지도 모른다고 생각한 사람은 여러 명 있었다. 그러나 그러한 생각을 도저히 말할 수 없어 망설였다. 프로이트는 그 점에서 달랐다.

원하는 것이 있으면

지금 여러분이 조립식 완구를 좋아한다고 하자. 너무도 갖고 싶어 참을 수가 없다. 그리고 어느 날 여러분의 집 앞에 그 너무도 갖고 싶어하던 조립식 완구가 떨어져 있다고 하자. 그러면 그것을 본 여러분은 어떻게 행동할까. 갖고 싶던 것이 눈앞에 있다, 이거 참 고마운 일이군 하면서 주워서 자기 것이라고 할까. 그렇게 간단하게 끝나지는 않을 것이다. 갖고 싶기는 갖고 싶다. 자기 것으로 하고 싶다. 만약 여러분이 두 살 정도의 아이였다면 잽싸게 그것을 집어서 놓지 않을지도 모른다. 물론 두 살짜리 아이는 조립식 완구에 흥미를 갖지 않을지도 모르지만. 하지만 이것은 예를 든 것일 뿐이다. 두 살이라면 과자를 생각해도 좋다. 그 정도 나이의 아이라면 욕망과 행동은 직접적으로 연결되어 있다.

그러나 그보다 좀 더 나이가 들면 갖고 싶다고 생각은 해도 바로 손이 나오지는 않는다. 만약 그것이 누군가 다른 사람의 물건이라면 잠자코 그것을 주워서 가지는 것은 야단맞을 행동이라는 것을 알고 있기 때문이다. 두려움의 두려움에 관한 이야기에서 나는 벌 받는 것에 관한 두려움에 관해 설명했다. 결국 야단맞을지 모른다는 게 두렵기 때문에 하고 싶은 행동을 하지 않게 된다. 그래서 눈앞에 있는 자신이 좋아하는 조립식 완구도, 맘대로 주워서 자기 것으로 하는 행동은 하지 않는다. 무엇이 자신에게 금지되어 있는가, 만약 금지되어 있는 행동을 하면 어떤 식으로 벌을 받지 않으면 안 되는가, 그것을 알게 되었기 때문이다. 결국 그런 상황이 되면 여러분이나 나의 마음에는 벌의 두려움이라는 압력이 가해져 우리들 외부의 사회에서 금지하는 것이 들어오게 된다.

처음에는, 벌의 두려움이 없다면, 우리는 욕망에 지고 만다. 예를 들어 아무도 보는 사람이 없다면 살짝 주워서 내 것으로 해도 좋지 않을까 하고 생각할 수도 있다. 그러나 점차로 벌은 문제가 안 되고 정해진 규칙은 스스로 지킨다. 만약 죄를 범하면 타인에 의해 벌을 받지 않더라도 스스로 자신에게 벌을 주게 된다. 그것이 양심의 가책이란 것이다. 자신의 마음의 일부분이 된, 우리 외부의 사회의 규칙을 프로이트는 초자아라는 이름으로 불렀다. 그것을 우리가 평소에 부르는 양심이라고 해도 좋다. 하지만 양심이라고 하면, 우리는 왠지 그것을 태어났을 때부터 갖고 있는 것이라고 생각하기 쉽다. 그것이 마음의 일부분이 되어 있지만 애초에는 마음 바깥에 있던 사회의 규칙이었다는 것을 간파한 것이 프로이트였다. 결국 프로이트는 인간의 양심이 인간이 태어날 때부터 지니고 있는 것이 아니라, 한 사람 한 사람의 마음속에서 자신을 둘러싼 사회와 접하면서 만들어졌다는 사실을 발견한 것이다.

그런데 프로이트가 그렇게 생각하기까지 인간의 마음에 관해서는 그다지 알려진 게 없었기 때문에, 인간의 양심은 신이 인간을 만들었을 때 인간의 마음속에 넣은 것이라고 생각해 왔다. 그런데 프로이트의 생각은 인간이 자신의 양심에 대해서도 책임을 지지 않으면 안 된다는 주장이었으므로 좀처럼 사람들에게 받아들여질 수 없었던 것이다.

이렇게 해서 인간의 마음속은 본능에 따라 자신이 하고 싶은 것을 하려는 마음과 그것이 사회에서 금지되어 있기 때문에 억제하지 않으면 안 된다는 마음, 그러니까 초자아가 항상 싸우고 있는 상태이다. 한쪽이 너무 강하면 곤란한 일이 일어난다. 본능이 너무 강하면 초자아가 져버려 사회로부터 항상 벌을 받는 고통을 받지 않을 수 없다. 만약 초자아 쪽이 너무 강하면 본능 쪽이 항상 불만인 채로 있지 않으면 안 된다. 그리고 그것이 마음의 병으로 이어지기도 한다.

그런 점에서 그 두 가지를 조화시켜서 병에도 걸리지 않고 사회로부터 벌을 받지 않다도 되도록 전체를 통합하는 것이 필요하게 된다. 우리의 자아라고 불리는 것이 그러한 조화를 위해 만들어진 것이다.

　약간 설명이 너무 간단해서 이해하기 어려웠을지도 모르지만 이제부터 하려는 이야기도 결국은 그것과 관계되어 있는 것이므로 이야기를 하다보면 좀 더 이해하기 쉬울 것이라고 생각한다.

진짜 어머니, 아버지

　어렸을 때 나는 부모님으로부터 꾸중을 들을 때면 문득, 이렇게 엄격하고 차가운 부모가 나의 진짜 부모일 리가 없다, 분명히 진짜 부모님은 이 세상의 어딘가 다른 곳에 있는 게 틀림없다고 생각하곤 했다. 상당히 확실하게 그 기억은 나의 마음속에 남아 있다. 대체 나는 왜 그런 생각을 하게 됐을까.

　그 일은 내 마음속에서 좀처럼 떨어지지 않았다. 그리고 또 한 가지, 내 마음속에 남아 있는 기억이 있다. 그것은 나의 장난기 많은 형들로부터,

　"너는 우리 집의 아이가 아니야. 너는 어디에선가 주워온 애야"

　하는 말을 들은 것이다. 그 말은 내 마음속에 커다란 불안

을 불러일으켰다. 그래서 부모님께 그것이 정말이냐고 걱정스러운 얼굴로 물었다. 그러면 참으로 애매한 대답이 돌아왔다. 그것은 그날의 나의 행동에 따라 달랐다. 말을 안 듣고 못되게 굴면 "맞아, 너는 주워왔단다"였고, 너무 걱정하고 있으면 "그런 건 거짓말이야. 안심해라. 너는 진짜 이 집 아이야"였다.

내가 주워온 아이라면 어디에서 주워온 거냐고 물으면 대답은 강에서라든가, 다리 밑이라든가였다.

여러분은 어떤가, 그런 기억이 혹시 없나. 그러한 주워온 아이라는 이야기와 진짜 부모는 어딘가 다른 곳에 있다고 하는 생각은 결코 연관이 없지 않다. 나는 커가면서 그런 생각이 나 혼자만의 이야기가 아니라는 것, 형태는 다를지라도 아이들의 마음속에는 그러한 공상이 자리 잡는 일이 흔하다는 것을 알게 되었다.

그런 공상이 있기 때문에 아이들이 좋아하는 이야기인 동화에는 아직 만난 적이 없는 엄마를 찾는 고아 이야기나, 계모의 손에 자라면서 괴롭힘을 당하는 아이의 이야기 같은 것이 많은 것이다. 그렇기 때문에 그런 이야기가 아이들의 마음을 강하게 끌어당긴다. 여러분은 어떤가. 그런 이야기를 읽거나 들으면서 주인공을 무척이나 가엽게 생각했던 기억이 있지 않은가.

　그렇다면 아이들은 어째서 그런 공상을 하는 걸까. 그 점에 대해 생각해보자. 아이는 자신이 부모나 형제에 둘러싸여 살고 있다는 것을 알게 되면 몇 가지 의문을 갖게 된다. 물론 아이의 생각이므로 의문도 단순하다. 그것은 여러분도 상상할 수 있을 것이다. 예를 들어 아기는 어떻게 생기는 걸까, 남자와 여자는 왜 다른 데가 있는 걸까 등이다. 세 살 정도가 되면 아이들은 그런 질문을 자주 어머니한테 한다. 그런데 어머니들은 그런 질문에 어떤 식으로 대답할까. 이런 질문에는 부모 쪽이 아이보다도 신경을 더 쓰게 마련이다 그것은 성에 관한 문제이기 때문이다. 어떻게 설명하면 좋을까, 어른들은 지금도 그 문제로 고민한다. 아이의 성교육은 어떻게 하는 것이 좋은가 하는 문제를 어른들은 자주 논의한다.

　그런데 어른은 성교육을 논의하면서 중요한 점을 잊고 있다. 그것은 세 살짜리 아이에게 어떻게 설명을 해야 아이가 이해하는가 하는 점이다. 아이에게 과학적으로 설명을 해도, 그것이 아무리 정확하다 해도, 아이들은 이해하지 못할 것이다. 태평양 어느 섬의 원주민이 일본에 왔을 때 선물로 무엇을 갖고 싶냐고 물었더니, 수도꼭지가 갖고 싶다고 대답했다.

그는 수도꼭지만 있으면 어디에서든 물을 마음대로 쓸 수 있으리라고 생각했던 것이다. 결국 그는 수도라는 것을 이해하지 못했던 것이다. 아이들의 생각도 그와 비슷하다. 예를 들어 몸속의 눈에 보이지 않는 곳에서 정자와 난자가 만나서, 세포가 분열되어 커지고, 아기가 생겨난다는 설명을 세 살짜리 아이에게 한들 이해하지 못한다. 아이들은 자신이 이해할 수 있을 만한 설명을 찾으려 한다.

따라서 아기는 어머니의 뱃속에서 나오는 거라고 하면 거기까지는 이해해도, 어떻게 뱃속에 아기가 있게 되었는지에 대한 설명은 이해하지 못한다. 누군가가 어디에서 아기의 모양을 한 것을 가져와서 어머니의 뱃속에 넣었다고밖에는 생각하지 못한다. 그렇게 되면 결국은 황새가 아기를 물고 온다든가 양배추 안에 생긴 아기를 부모가 주워왔다고 하는 이야기와 별 차이가 없다는 것을 여러분도 알 것이다.

그 점에서는 세 살짜리 아이와 황새 이야기나 양배추 속에서 아기가 만들어졌다는 이야기를 생각해낸 옛날 사람들은 별 다를 게 없다. 아이는 자신과 부모가 무슨 관계인지 도무지 알 수가 없다. 그래서 자신은 다른 데서 주워와서 자신의 집에서 자란 주워온 아이라고 생각한다. 예를 들어 어머니의 뱃속에서 나왔다는 말을 들어도 버려진 장소가 양배추에서 어머니의 뱃속으로 옮겨간 것뿐이다.

아이한테 가장 중요한 것은 애정이다. 자신이 부모로부터 귀여움을 받는지 아닌지, 그것 외에는 진정으로 의지할 게 없다. 그에 관한 것이 어디에서 태어났는가보다도 훨씬 더 중요하다. 하지만 자신이 사랑받는 이유를 알지 못하면 안심하지 못한다. 특히 형제라고 하는 경쟁 상대가 나타났을 때는 더욱 그렇다. 그때가 되면 자신을 주워온 장소가 어디인가가 커다란 의미를 갖게 된다. 그렇기 때문에 서너 살 무렵에 어딘가에서 주워왔다는 말을 들으면 무척 불안해한다.

그리고 여러분도 들어본 적이 있을 반항기가 되면 자신의 진짜 부모는 다른 데 있다, 자신이 실은 고아였다는 공상을 한다. 여기에 관해서는 좀 더 자세히 설명하지 않으면 안 되지만 그 전에 여러분에게 해두어야 할 이야기가 하나 있다.

남자아이와 여자아이의 다른 점

세 살 무렵부터 아이는 자신이 남자라고 하면 어째서 자신의 몸은 여자아이와 다른 걸까 하고 이상하게 생각한다. 여자아이도 자신에게는 왜 고추가 없는 걸까 하고 이상하게 생각한다. 아마도 여러분은 그 무렵의 일은 잘 기억하지 못할 것이다. 그렇지만 어린아이에 관해 관찰하고 있으면 그러한 것을 잘 알 수 있다. 그러나 앞에서도 말했지만 그 정도 나이의 아이는 남자와 여자의 차이는 지극히 외적인 장소, 그러니까 고추가 있나 없나의 구별 정도밖에는 알지 못한다. 남자와 여자는 좀 더 근본적으로 다르다는 사실은 설명한다 해도 도저히 납득하지 못한다.

그래서 아이는 여자아이나 남자아이나 애초에는 양쪽 다 고추를 갖고 있었는데 여자는 그것이 떼어내졌다고 생각한다. 뭔가 나쁜 일을 했기 때문에 그것을 떼어내 갔다, 그것이 여자다, 그런 식으로 아이는 결론을 내린다.

커가면서 좀 더 지식도 쌓이게 되면 남자는 남자의 성을 가진 것이고, 여자는 여자의 성을 가진 것이므로 남자로부터 뭔가를 떼어낸 것이 여자다, 여자에게는 뭔가가 결여되어 있는 것이라고 생각하지 않게 된다. 하지만 어렸을 때는 아무래도 남자와 여자의 차이를 그런 식으로 보게 된다.

물론 약간 다르게 생각하는 경우도 있다. 떼어냈다고 하는 대신 잃어버렸다고 하는 경우다. 이것은 어느 쪽인가 하면 어머니들이 설명하는 데 사용하는 경우가 많다. 떼어냈다고 생각하면 누가 떼어냈는지가 문제가 된다. 그리고 그 떼어낸 범인은 아무래도 어머니나 아버지가 되기 쉽다. 자신이 그런 도둑 범죄자가 되는 것이 싫으니까 여자아이 자신한테 책임을 씌우자고 생각했을 것이다.

"네가 너무 성급하게 나오는 바람에 뱃속에서 잃어버리고 나온 거야. 그래서 너한테는 고추가 없는 거야."

그런 대답을 아이한테 하는 어머니가 흔히 있다. 나는 그런 얘기를 듣고 있으면 약간 약았다는 생각이 든다. 덤벙대다가 중요한 것을 잃어버리고 태어난 네가 잘못한 거야, 하고 여자아이한테 책임을 덮어씌우는 셈이니까.

여자아이는 그 밖에 이런 식으로 생각하기도 한다. 어머니도 아버지도 충분히 자신을 사랑해주지 않았다. 그래서 소중한 것을 자신에게 붙여주지 않았다. 결국 자신은 남자아이보다 부모로부터 사랑받고 있지 않다는 생각이다.

게다가 지금의 세상은 아이 때는 별로 안 그렇지만 성장함에 따라 여자 쪽이 손해를 보는 경우가 많다. 그런 사실은 어린아이는 아직 이해하지 못한다. 하지만 그런 사실이 점차로 이해가 되는 나이가 되면 예전에 부모의 애정이 충분하지 않아서 여자로 태어났다는 생각이 마음속에서 일렁인다. 그리고 여자아이는,

"어째서 남자아이로 낳아주지 않았어요"

하고 부모에게 불만을 털어놓기도 한다.

남자와 여자의 차이를 생각할 때, 자신에게는 남자아이가 갖고 있는 게 없다, 떼내졌다, 붙여주지 않았다는 생각은 여자아이의 남자아이에 대한 열등감의 중심을 이룬다. 자신이 남자아이에게 없는 것을 갖고 있다는 사실은 성장한 뒤가 아니면 생각하지 못한다. 물론 그런 어린 시절의 생각은 잊히기 마련이다. 성장한 뒤에는 잊어버리고 마는 사실이 많다. 하지만 그것은 무의식 속에 분명히 남아서 여러 가지 형태로, 그러니까 형태를 달리 해서 나타나게 된다. 결국 여자는 남자보다 열등하다, 여자에게는 모자란 데가 있다고 체념하는 경우도 있다. 또 반대로 그 열등감을 극복하기 위해 경쟁의식이 강해져서 남자가 갖고 있는 것은 무엇이든 갖고 싶다고 생각해 어떠한 일에도 남자와 맞서려는 마음을 계속 유지하는 경우도 있다. 어떤 경우이든 그런 마음의 밑바닥에는 이런 어린 시절의 출발점에 있는 남자에 대한 열등감을 확인할 수 있다.

그렇다면 남자아이는 어떨까. 남자아이 역시 생각하는 것은 같다. 여자아이는 고추를 갖고 있지 않은 남자아이, 나쁜 짓을 해서 벌로 떼어내졌다고 생각하는 것이다. 하지만 거기에서 약간은 여자아이와 다른 생각을 하게 된다. 여자아이가 남자아이에게 열등감을 가지는 것과 반대로 우월감을 가지게 되는 것은 이해할 수 있을 것이다. 그것뿐이라면 괜찮지만 그렇게 생각한다면 당연히 자신도 나쁜 짓을 하면 여자아이처럼 벌로 고추를 떼어가는 게 아닐까 하는 걱정이 생긴다. 또 어른들도 아이들의 걱정을 더 한층 크게 만드는 말로 위협한다.

"뭐야, 그렇게 울기만 하고, 그래도 네가 남자니. 그렇게 훌쩍거리면 고추 떼어버린다."

어렸을 때를 떠올려보면 된다. 여러분이 남자아이라면, 그런 말을 분명히 한두 번은 들었을 것이 틀림없다. 그리고 떼어가면 큰일이라고 필사적으로 양손으로 앞을 막은 일을 떠올릴 수 있을 것이다. 남자아이 중에는 이미 떼어갈 우려가 없는 여자아이가 부럽다고 느끼는 기가 약한 아이조차 있다. 여하튼 남자아이는 여자아이에 대해 우월감을 느끼는 동시에 여자아이가 되어버릴지도 모른다는 강한 불안감에 시달리지 않으면 안 된다.

물론 남자아이의 경우에도 이런 어린 시절의 생각은 잊히게 마련이다. 하지만 그것은 역시 무의식 속에 남아 마음의 바닥에서 계속해서 움직인다. 크게 되면 남자는 남자다움이라는 것에 무척이나 집착한다. 그리고 그런 남자다움이 눈에

띄지 않으면 다른 남자들로부터,

"너, 그러고도 불알을 달고 다니냐"

하는 말을 듣거나 한다. 그렇게 말하는 남자는 상대를 무척 경멸스러운 눈으로 보는 것이다. 여러분은 친구들 사이에서 그런 말을 입에 담은 적이 없는가. 분명히 짚이는 데가 있을 거라고 생각한다. 여러분의 주위 사람들을 둘러보면 된다. 이런 것도 발견할 수 있을 것이다. 여자아이에 대해 우월감을 갖고 있는 남자아이일수록 자신의 남자다움을 과시하려고 있는 힘껏 가슴을 펴 보이거나, 험악한 말투를 쓰거나, 거칠게 행동하는 것처럼 보이려고 한다. 그것은 필사적으로 그렇게 하지 않으면 자신의 우월한 부분이 없어져버리지 않을까 우려하기 때문이다. 그런 남자아이를 볼 때마다 나는 그렇게 어깨에 힘줄 필요는 없는데 하는 생각이 든다.

하지만 남자가 어깨에 힘을 주고 싶은 기분은 어른이 된 뒤에도 계속해서 마음속에 남아 있다. 그리고 남자다움을 과시하기 위해, 잘 생각해보면 어리석고 쓸데없는 행동을 저지른다. 전쟁을 벌이거나 혹은 지속되는 전쟁을 그만두어야 할 때, 아무래도 남자다움을 보이고 싶다는 기분이 정치가의 판단을 방해한다.

여러분은 사내대장부라든가, 남자는 배짱이라든가, 사내가 되어 갖고 말이야 등 남자라는 것을 강조하는 여러 가지 표현을 접했을 것이다. 그때 지금 내가 말한 내용에 대해 떠올려보면 좋을 것이다. 그런 말에 들어 있는 어리석음이 어디에서 기원했는지를 알 수 있을 것이다. 옛날의 무사들은 그 남자다움에 가장 집착했던 인간들이었다. 그리고 그러한 남자다움에 집착했기 때문에 자신뿐만 아니라 얼마나 많은 다른 사람들을 불행하게 만들었는지 모른다. 이제 와서 생각하면 얼마나 어리석었는지 알 수 있다. 그런 사실을 안 뒤에, 무사가 지배했던 시대는 끝났고 무사의 정신도 살아남을 수 없게 된 것이다. 그런 사실을 모르면 시대에 뒤떨어진 무사 정신을 동경하거나 한다.

여기에서 여러분이 생각해보았으면 하는 것은 인류의 역사를 보는 눈으로 자기 나라의 역사나 정신을 볼 필요가 있다는 것이다. 예를 들어 일본의 무사라고 하는 특별한 것에만 눈을 향하게 되면, 무사라는 계급이나 무사의 정신이 다른 모든 나라에도 조금씩 다른 특징을 갖고 있긴 하지만 비슷한 것이 있다는 사실, 그리고 그런 비슷한 면이 어디에서 비롯된 것인지 알 수 없게 된다. 그리고 무사의 지배가 사라진 시대에도 무사의 정신 같은 것이 남아서 시대에 뒤처진 형태로 현재의 인간에게도 얼굴을 내밀고 있는 까닭을 파악할 수 없다.

흉내

여러분은 어렸을 때 누군가가 자신의 흉내를 내고 있다는 것을 알아채면, "이 따라쟁이야" 하면서 분명히 싫은 느낌이 들었을 것이다. 그리고, 지금도 여러분은, 누군가가 대놓고 흉내쟁이라는 말을 한다면 별로 좋은 기분은 안 들 것이다. 그것은 그러한 기분을 의식하지 않고 있었지만 쭉 이어져 왔다는 것을 의미한다.

그런데 여러분은 멋지다고 생각한 남자아이나 여자아이의 옷이나 머리 스타일을 따라하고 싶어한다. 따라하겠다는 생각이 별로 없더라도, 이런 건 이미 한물갔어, 하고 생각해 결국은 유행을 쫓게 되는 경우도 있다. 이미 의젓한 어른들도 이런 따라하고 싶다는 기분이 있다. 어른들의 세계에도 유행은 큰 의미가 있고 그에 대해서는 여러분도 알아차리고 있을 것이다.

그렇다면 이제 따라하고 싶다는 기분과 따라하고 싶지 않다는 기분에 대해 생각해보기로 하자. 이 두 가지 반대되는 마음은 인간의 마음속에서 새끼줄처럼 꼬여 있다.

갓 태어난 아기 때부터 두 살 가까이까지 인간은 어른들한테 전적으로 의지해 산다. 그 기간 동안 꾸중을 듣거나 칭찬을 들으면서 자신에게 허락된 것과 금지된 것이 무엇인지 알게 된다. 그런데 두 살을 넘어서부터 아이들은 무엇이든 싫다고 말하고 싶어한다. 반항기라고 불리는 시기가 시작된다. 아이는 자기 자신을 의식하게 되고 자신을 주장하고 싶어진다. 하지만 주장이 너무 강하면 아버지나 어머니한테 야단맞는다. 그것을 알면서도 무엇이건 반항해보고 싶어한다. 그렇게 해서 아이는 자신이 무언가를 하려 할 때 부딪히는 저항으로부터 의지라고 불리는 것을 점점 자각하게 된다. 반항을 하려 해도 무엇이든 허용해주는 부모가 상대라면 저항은 조금도 느끼지 못한다. 그러면 버릇없이 제멋대로이지만 의지는 강하지 않은 인간이 만들어진다. 반항하려고 하면 심하게 야단맞기 때문에 너무도 두려워 반항할 수 없는 부모가 상대라면, 도저히 자신을 주장하지 못하는 의지가 약한 인간이 되어 버린다. 그러므로 이 시기는 인간에게 무척이나 중요한 시기라고 다들 인정한다.

뭐든지 싫다고 하는 이 시기는 다소 시간이 흐르면 점점 눈에 두드러지지 않게 된다. 하지만 그것은 눈에 두드러지지 않을 뿐이고 완전히 없어진 것은 아니다. 다시 한 번 그것이 확실하게 나타나는 시기가 있는데 그것이 사춘기다. 하지만 그 이야기는 좀 더 뒤에 하기로 하자.

그런데 최초의 반항기가 눈에 두드러지지 않게 될 무렵과 같은 시기에 아이는 부모를 흉내 낸다. 놀이의 시기가 시작되는 것이다. 그리고 그 놀이의 시기는 남자아이와 여자아이의 차이를 아는 시기와 겹치기 때문에 놀이도 남자아이와 여자아이의 구별이 확연해진다. 하지만 그 무렵에 남자아이와 여자아이를 구별한다고 해도 지금 여러분이 남자 여자를 구별하는 것처럼 하는 것은 아니다. 자신이 아버지와 같다라든가 어머니와 같다라고 생각할 뿐이다. 남자와 여자의 구별은 좀 더 성장한 뒤에야 가능하다. 오른쪽이라든가 왼쪽이라든가 하는 말을 여러분은 무슨 뜻인지 안다. 하지만 어린아이는 수저를 잡는 손이 오른손이라는 식의 구별부터 시작한다. 그렇기 때문에 왼손잡이인 사람은 성장해서도 오른쪽 왼쪽의 의미가 곧바로 명확하게 다가오지 않아 곤란하다. 수저를 드는 손 쪽이라는 생각에서 시작해 오른쪽 방향이라는 생각까지의 머릿속의 변화를 추상화라고 부르는데 어린아이들의 머리로는 추상화 작업을 충분히 할 수 없다.

놀이의 시대에 아이들은 여자아이는 어머니, 남자아이는 아버지의 흉내부터 시작한다. 흉내를 내는 것으로써 아이들은 여러 가지 것들을 배워 나간다. 여자아이의 소꿉장난 놀이는 그중에서도 가장 눈에 띄는 흉내 내기이지만, 그것은 어머니 흉내로 결코 단순한 놀이가 아니다. 여자아이는 어머니의 말버릇을 흉내 내 말을 한다. 어머니가 요리 만드는 걸 흉내 낸다. 따라서 어머니가 만들어주지 않은 요리 같은 건 떠올리지 못한다. 하지만 아이는 어머니가 만들어준 음식이 가장 맛있다고 생각하기 때문에 흉내를 낸다. 그리고 자신이 완전히 어머니가 된 것처럼 느낌으로써 행복한 기분이 된다.

여기에서 흉내 내는 것의 의미를 생각해 보자. 흉내를 낸다, 그것은 존경하고, 훌륭하다고 생각하는 사람에게 자신을 다가가게 하려는 것이다. 그 사람으로 변신하고 싶다는 마음에서 비롯되는 노력이다. 그리고 그 최초의 모습이 소꿉장난 놀이에서 드러난다.

여자아이의 경우는 어머니가 곁에 있어서 매일 온종일 뭘 하는지 볼 수 있기 때문에 소꿉장난 같은 정리된 형태의 놀이를 할 수 있다. 그런데 남자아이의 경우는 아버지가 집 바깥에서 일을 하는 경우가 많기 때문에 전체를 흉내 낼 수가 없다. 고작해야 어느 부분만 흉내 낼 뿐이다. 그래서 남자아이는 아버지를 어떻게 흉내 내야 할지 당황하는 것이다. 게다가 남자아이는 여자아이가 된다는, 그러니까 고추를 떼어간다는 공포가 있기 때문에 소꿉장난에서 어머니를 흉내 낼 수 없다. 기껏해야 여자아이의 소꿉장난에서 아버지 역할이나 아이 역할로 초대받아 자리를 지키고 있는 정도이다.

이 흉내 내기의 시기는 자신의 부모를 훌륭한 존재로 존경하는 시기이기도 하다. 아이에게 있어서 자신의 부모는 실제보다도 훨씬 더 훌륭한 존재이다. 가령 아이들끼리 밖에서 싸우는 것을 한번 보자. 결코 자신은 이렇게 생각한다고 말하지 않는다. 우리 아버지가 이렇게 말했거든, 하고 한쪽이 주장하면, 상대도 지지 않고, 하지만 우리 아버지는 이렇게 말했어, 하고 응수한다. 그리고 자신의 아버지는 절대로 옳다고 믿어 의심치 않는다.

자신의 부모가 절대적이라고 생각하기 때문에 그러한 부모를 좋은 점이든 나쁜 점이든 흉내 내고 싶어한다. 그리고 부모와 닮았다는 말을 들으면 만족한다.

"어머, 아버지하고 똑같구나. 얼굴 모습부터 묘한 버릇까지 완전 판박이야"

같은 말을 들으면 아이는 기뻐 어쩔 줄 모른다. 하지만 그런 시기는 그다지 오래 지속되지 않는다.

지금의 여러분은 어떨까. 아마도 여러분은 제2의 반항기라고 불리는 사춘기에 접어들고 있을 것이라고 생각한다. 그 무렵이 되면,

"넌 아버지하고 똑같구나"

하는 말을 들으면 싫은 느낌이 들거나 쑥스러운 느낌이 드는 경우가 많다. 예를 들어 여러분이 아버지의 모습 중에서 그다지 좋아하지 않는 면에 대해 닮았다는 말을 들으면 화가 날 것이다. 부모와 닮은 데가 있는데 스스로도 부정할 수 없으면 없애버렸으면 좋겠다는 기분이 들거나 한다. 또 아버지의 훌륭한 면으로 평소에도 여러분이 인정하고 있는 것에 대해 여러분이 닮았다는 말을 듣는 일도 있다.

"과연 그 아버지의 아들답구나. 그대로 물려받았어."

그렇게 말하는 사람은 결코 나쁜 마음으로 말한 게 아닐 것이다. 하지만 그런 말을 듣는 여러분의 마음은 어떨까. 자신의 장점이 부모한테서 물려받은 것이라고 한다면 그 명예를 부모한테 빼앗겨버리는 기분이 들면서 그다지 유쾌하지는 않을 것이다.

이처럼 부모와 닮았다는 말을 듣고 기쁜 마음이 들거나 반발이 생기거나 하는 것을 잘 생각해보기 바란다. 여러분의 마음 깊은 곳에서 어렸을 때부터 성장하면서 변화해 온 것을 조금씩 느낄 수 있을 것이다.

10 | 자아의
구조

경쟁의식

부모를 세상에서 가장 훌륭한 사람으로 존경하고 자신도 그렇게 되고 싶다고 생각해, 말버릇부터 몸을 움직이는 특유의 동작까지 자신의 것으로 하려는 시기는 아이의 마음이 형성되는 데 있어서 매우 중요하다. 그리고 이런 흉내는 보이기도 하고 보이지 않기도 하지만 그 뒤에도 쭉 이어진다.

그런데 다섯 살에서 여섯 살까지 시기에 또 하나의 중요한 의미를 가지는 일이 일어난다. 여러분이 남자아이라면 어머니를, 그리고 여러분이 여자아이라면 아버지를, 그러니까 이성의 부모를 사랑하게 된다. 하지만 그것은 자신의 아버지나 어머니를 경쟁 상대로 돌리는 것이기도 하다. 사실을 말하자면 부모 쪽에서는 문제로 삼지도 않지만, 아이 쪽에서는 문제가 되는 것이다. 그때까지 동성의 부모는 자신이 똑같이 되고 싶은 목표였는데 점차로 경쟁 상대가 되어 간다. 자신은 부모와 똑같아지는 것이 아니라 부모보다도 훌륭한 존재가 되고 싶어 한다. 힘으로도 이기고 싶고 다정함에서도 이기고 싶다. 더 이상 소꿉장난 놀이로는 만족할 수 없다.

조숙한 여자아이 같은 경우는 자신의 어머니의 나쁜 점을 심술궂게 문제삼기도 한다. 구제불능이네, 엄마는. 그렇게 말하면서 자신은 그 점에서 어머니보다 낫다는 것을 보이려 한다. 어머니로서는 분명히 자신의 딸을 얄밉다고 생각할 것이다. 하지만 여자아이는 문제를 그다지 심각하게 만들지 않고 지나간다. 경쟁 상대인 어머니가 그다지 두려운 존재가 아니기 때문이다.

그런데 남자아이의 경우는 다르다. 경쟁 상대가 안 좋다. 힘도 세고 아주 무서운 아버지이다. 게다가 남자아이의 경우는 여자아이와 달리 유아기 때의 고추를 떼어낼지도 모른다는 불안감이 남아 있어, 그것이 경쟁 상대가 된 아버지에 대한 무서움과 결합되어 있다. 따라서 어머니를 사랑해서는 안 된다고 하는 강한 마음이 작동하게 되고, 그러한 마음을 가지면 아버지로부터 벌을 받는다, 미움 받는다고 하는 공포심을 갖게 된다. 그것이 마음속 깊은 곳에서부터 강한 압력이 되어 사춘기 무렵이 되면 다시 한 번 나타나게 된다. 이런 부친과 남자아이 간의 관계가 인간의 마음에 새겨져 있다는 것을 프로이트는 발견했다. 그러나 그 사실을 프로이트 전까지 사람들이 깨닫지 못하고 있었던 것은 아니다. 물론 아동기에 그러한 관계가 한 번 있고 사춘기 무렵이 되면 다시 한 번 확실해지지만 프로이트 이전에 사람들이 깨달았던 것은 사춘기부터의 부친과 남자아의 간의 다툼이었다. 프로이트는 이런 관계에 오이디푸스 콤플렉스라는 이름을 붙였는데, 그 오이디푸스라는 건 그리스의 전설의 왕으로 자신의 아버지를 죽이고 자신의 어머니와 결혼하는 운명이 되고, 게다가 그것을 모르고서 저질러 나중에 자신의 눈을 스스로 도려내 벌을 내린 인간이다.

그 이야기는 그리스 신화에 나오지만 역사를 봐도 부자간의 다툼은 어느 시대이건 있었던 일이다. 하지만 그것이 당연한 일이라고 생각하지는 않았다. 그런 불행한 일은 일어나서는 안 된다는 마음을 인간은 갖고 있다. 부자간의 다툼은 무엇보다도 무거운 죄라고 생각해왔다. 따라서 있기는 있었지만 그런 일이 그렇게 많이 있지는 않았다.

그러면 부자간의 다툼이 없느냐 하면 그렇지는 않다. 있기는 하지만 그런 불행한 형태를 취하지 않도록 그런 다툼을 다른 면에서의 경쟁의식으로 향하게 했던 것이다. 예를 들어 부모보다 출세한다든가, 공부로 지지 않게 된다든가, 어머니보다도 더욱 상냥하게 행동한다든가 하는 식이다. 하지만 거기에는 강한 경쟁의식이 작동하고 있다.

술을 좋아하는 아버지 때문에 어머니가 고생하는 것을 보고 아이가 커서 전혀 술을 마시지 않게 되는 경우가 곧잘 있다. 만약 무엇이든 아버지의 흉내를 내는 거라면 아이도 술꾼이 되는 게 당연하겠지만 그렇지는 않다. 항상 그렇다고는 할 수 없지만 그런 경우가 곧잘 있는 것은 이런 이유가 있기 때문이다.

이 오이디푸스 콤플렉스가 만들어지는 것은 여섯 살 때까지라고 한다. 아이는 거기에서, 집 안의 세계로부터 바깥 세계로 눈을 돌리게 된다. 그리고 집 바깥의 인간을 존경하거나 사랑하거나 하는 마음을 가지게 됨으로써 학교를 다니기에 딱 알맞은 시기가 된다.

초등학교의 선생님이 자신의 아버지와 어머니 다음으로 존경하고 사랑하는 첫 대상이 된다. 그렇기 때문에 가르치는 것이 머리에 들어오는 것이다. 어렸을 때는 아버지가 이렇게 말했기 때문에 옳다고 생각했지만 이번에는 선생님이 이렇게 말했기 때문에 절대로 옳다고 말하게 된다. 그렇게 되면 아버지나 어머니가 하는 말은 별로 신뢰하지 않게 되기 때문에 부모는 곤란해진다.

"그렇지만, 선생님이 말씀하셨는걸."

그렇게 말하며 어머니가 하는 말 같은 건 듣지 않는다. 그러는 이유를 모르는 어머니들 중에는

"선생님이 뭐라고 하셨는데? 아버지나 어머니가 하는 말 따위 듣지 않아도 괜찮다고 학교에서 가르치셨어?"

이런 식으로 화를 내는 사람도 나온다. 선생님이 그런 걸 가르칠 리가 없다는 것은 너무도 잘 알고 있다. 거기에서 아이는 "선생님은, 그런 말 안 해" 하고 항의한다. 자신이 나쁜 사람이 되더라도 선생님을 변호하는 것이다. 하지만 바로 그렇기 때문에 학교에서 공부를 하는 것이 가능한 것이고 선생님보다도 자신의 부모가 훌륭하다고 생각한다면,

"선생님은 그렇게 말씀하시지만, 우리 아버지는 이렇게 말했어요"

하고 일일이 반대하고 나설 것이다. 그래서는 공부를 할 수 없게 될 것이다.

여러분은 초등학교 1학년 무렵 어땠는가. 분명히 그와 똑

같은 말을 하거나 그와 비슷하게 행동했을 것이 틀림없으리라고 생각한다. 하지만 초등학교 선생님들에 대한 존경도 중학교에 가게 되면 희미해져 버린다. 왜 그 선생님을 그렇게 존경했을까, 신기하군, 하면서 건방진 생각을 하게 된다. 하지만 그것도 어쩔 수 없는 일이다. 아이가 성장하기 위해서는 그것이 필요하기 때문이다.

하지만 이러한 이유를 알고 있으면, 다시 한 번 자신이 배은망덕하게도 잊어버렸던 선생님에 대해 친근감을 되찾을 수 있을 것이다.

내가 지금까지 했던 설명 중에서 여섯 살 때까지의 일은 아마도 여러분들이 좀처럼 떠올리기 쉽지 않을 것이다. 특히 남자아이의 경우가 그럴 것이다. 그것은 앞에서 말한 오이디푸스 콤플렉스가 고통스러운 것이기 때문에 억지로 무의식 안으로 밀어넣었기 때문이다. 어른이 되면 그 시기의 일은 완전하게 떠올릴 수 없으므로 이런 나의 설명을 들어도, 엣, 진짜일까, 그런 일이 있었나, 하고 생각할 정도다. 또 그렇기 때문에 프로이트가 발견하기까지 인간은 그런 사실을 모르고서 지내온 것이다. 그리고 프로이트가 발견한 뒤에도 당시의 사람들은, 그런 말도 안 되는 일은 없었어, 하며 인정하고 싶어

하지 않았다. 그리고 약 칠팔십 년이 지난 지금에야 프로이트가 생각했던 게 옳다고 사람들은 생각하게 되었다.

사춘기

나는 지금까지 유아기의 마음에 대해 설명해온 셈인데 극히 간단하게 설명했기 때문에 실제로는 이렇게 단순하지 않다는 사실을 여러분이 알아두었으면 한다. 사실은 훨씬 더 복잡하다. 하지만 그것을 설명하려 한다면 오히려 알 수 없게 되고 말 것이다.

다만 인간은 여섯 살 무렵까지 그 마음의 구조의 기둥이 되는 부분을 완성시킨다는 사실만은 잘 기억해 두기 바란다. 그 뒤로는 비슷한 일을 반복하면서 커간다. 예를 들어 흉내 내기와 흉내 내고 싶지 않다는 마음은 우리들의 마음속에서 몇 번이고 되풀이되면서 성장한다. 아버지도 선생님도 더 이상 존경할 수 없게 되어도 이 세상에서 아직 누군가를 존경하지 않을 수 없는 마음이 남아 있다. 그리고 그 사람보다도 자신이 더 나은 사람이 되면 좀 더 훌륭한 사람을 찾는다. 존경할 수 없게 되어도 경쟁 상대로서 마음속에 계속 두게 된다. 하지만 그런 마음의 근원을 파고들다보면 아버지와 어머니한테 도달하게 된다.

예를 들어 커서 결혼의 상대를 자신이 존경하고 사랑할 수 있을 것 같은 상대를 잘 보면 자신의 아버지나 어머니와 비슷한 경우가 자주 있다. 물론 부모와 완전히 똑같지는 않다. 오히려 반대로 완전히 똑같다면 오히려 반발감이 들 것이다. 하지만 될 수 있으면 다른 사람을 찾으려 하면서 결과적으로는 비슷한 사람을 무의식적으로 찾고 만다. 이런 이야기는 아직 여러분에게는 다소 이를지 모르겠다. 따라서 사춘기라고 하는 여러분과 관계가 있는 문제를 다뤄보기로 하자.

여러분은 이제 신장에서 슬슬 부모님을 따라잡거나 추월하기 시작했을 것이다. 힘으로도 지지 않을 정도로 강해졌을 것이다. 그리고 이제 나는 어엿한 어른이다, 어엿한 한 인간으로서 대해주었으면 좋겠다는 기분이 점점 강해지고 있다. 그러나 자신이 아직 부모님이라든가 선생님한테 의지하는 부분이 있다는 것을 알고 있다. 자신이 누군가한테 아직 의지하고 있다는 그런 사실은 어엿한 한 인간이 되고 싶다는 마음에는 부아가 치미는 일이다

그런 점에서 전의 어린아이였던 시기의 반항기에 관해 기억을 되살려 보자. 나에게는 네 살짜리 딸이 있다. 조금씩 글

자를 배우기 시작하는 무렵이다. 종이에 열심히 글자를 쓰려고 한다. 나는 그것을 보고 있다. 틀린 글자를 쓰는 걸 보고 옆으로 가서, 그게 아니라 이렇게 쓰는 거야, 하고 가르쳐주고 싶어진다. 그런데 네 살짜리인 내 딸은, 아빠 저리 가, 하고 나를 밀어낸다. 틀려도 괜찮으니까, 자기 혼자서 스스로 글자를 써보고 싶은 것이다. 내가 그래도 가르쳐 주려 하면 나를 방에서 힘으로 몰아내려 한다. 그러면 일종의 씨름이 벌어진다. 아직은 내가 힘으로는 단연코 강하다. 네 살짜리 아이에게 간단히 힘으로 밀리지는 않는다. 하지만 상대는 얼굴이 새빨개질 정도로 온몸에 힘을 주고 끙끙거리면서 밀어낸다. 나는 지는 척하면서 도망칠 수밖에 없다. 그러면 딸은, 이겼다, 하고 만족스러운 얼굴을 한다.

사춘기에는 이와 비슷한 면이 없을까. 단지 차이가 나는 점은 부모가 이제 힘으로도 여러분에게 밀린다는 점이다. 그리고 질 수 없다고 생각해서 부모 쪽에서도 필사적이 되고 만다. 네 살짜리 여자아이와 씨름을 하고 있을 때의 여유 같은 건 부모에게는 더 이상 없다. 자식 쪽에서는 그다지 심각하지 않더라도 부모 쪽에서는 체면도 있기 때문에 필사적이 된다. 따라서 실제로는 큰 충돌이 벌어지고 마는 경우도 많다.

그러나 여러분은 유년기 시절의 반항의 반복을 거기에서

발견할 수 있을 것이다. 그렇다면 왜 사춘기에는 이러한 반복이 필요한 걸까. 게다가 그렇게도 격렬한 반항이 말이다. 거기에는 명확한 이유가 있다. 사춘기의 반항은 인간이 자신의 부모로부터 독립하는 계기로서 반드시 필요한 것이다.

예를 들어 아버지나 어머니가 저 학교에 들어가라, 졸업하면 뭐가 되라고 한다고 하자. 나 자신은 사실 어느 학교에 들어가든 뭐가 되든 상관없다고 생각할 수도 있고, 어떻게 해야 할지 아직 고민하고 있는 경우도 있다. 하지만 아무래도 부모님이 말하는 대로 하고 싶지는 않다. 다른 거라면 무엇이든 상관없다는 마음이 든다. 그것이 부모의 반대를 받게 되면, 갑자기 아무래도 상관없다고 생각했던 것이 반드시 하지 않으면 안 될 것 같은 기분이 드는 것이다.

여기에 그림을 좋아하는 사춘기의 아이가 있다. 그리고 화가가 되고 싶다고 부모님께 말한다.

"너, 뭐라고. 화가 같은 건 절대로 하지 마. 그림 그려서 밥 먹고 살 수 있을 것 같아? 어리석은 생각하지 말고 샐러리맨이 돼."

그것이 대답이다. 대답을 듣기 전까지는 자기 스스로도 재능이 있는지 의심스럽게 생각하고 그림을 그려서 생활을 꾸려갈 수 있을지 불안하다. 그러나 부모님의 그런 대답을 듣고 나면 이쪽도 물러서지 않는다.

"샐러리맨 같은 건 싫어요. 나 자신이 만족할 수 있는 일을 하고 싶어요."

"건방진 말 하지 마. 부모한테 의지해 사는 주제에. 내가 하는 말 들어."

"아니, 싫어요. 저 혼자서 어떻게든, 일을 하면서라도."

"네가 그런 일을 할 수 있을 것 같아?"

"할 수 있어요. 해보겠어요."

"부모의 말을 듣지 않을 거면 이 집에서 나가."

"네, 나갈게요."

이런 식의 대화를 주고받은 뒤 결국 아이는 집을 나가 버린다. 그때까지는 집을 나가 자기 혼자서 생활하며 생각한 것을 해볼 자신감이 없었지만 이렇게 되면 어쩔 수가 없다. 고집 때문에라도 자기 혼자서 열심을 다하지 않으면 안 된다. 이렇게 해서 무리를 해서라도 독립을 해버린다. 그렇지 않으면 서른 살이 되어도 부모에게 얹혀사는 신세를 못 벗어나거나 부모의 의견을 듣지 않으면 아무것도 할 수 없는 인간이 되고 만다.

사춘기의 반항이라는 것은 그러한 의미가 있는가 하면 역할도 있는 것이다. 나도 반항이 심했던 사람이다. 스스로 결정하고 자신의 의견을 밀어붙여 프랑스 사람을 아내로 맞이했고, 그만두라고 말렸지만 정신과 의사가 되었다. 작가가 되는 것도 반대에 부딪혔다. 하지만 자신을 끝까지 밀어붙였다. 그래서 잘 되지 않는 일이 있어도 누구를 원망할 수도 없다 전부 자신의 책임이기 때문이다. 그런데 만약 부모의 의견을 받아들였는데 잘 안 될 경우에는 어떻게 될까. 분명히 자신의 노력 부족은 제쳐놓고 부모의 책임이라고 투덜거리는 인간이 되고 말 것이다.

이런 식으로 내가 말한 것을 보고 이미 알았겠지만 사춘기의 반항은 인간이 독립해 결국 스스로의 자아를 확립하기 위한 출발점이다. 목적은 거기에 있다. 아이는 부모에 의지해 부모의 지배를 받으면서 산다. 그것을 의존하고 있다고 말하는데, 그 의존으로부터 해방되어 자유롭게 되는 것이 그 목적이다. 그러나 부모의 신세를 지지 않는 것만이라면 그것은 자아의 확립을 위한 첫걸음을 내디딘 것에 지나지 않는다. 외부로부터의 지배에서 벗어나는 것만이 아니라 자신의 내부에 있는, 자기 자신의 일부가 되어 있는 부모를 자신으로부터 나오게 해서 버리지 않으면 안 된다. 그것이 자신을 다른 사람이나 사물에 의존하게 하기 때문이다.

예를 들어 여러분은 어린 시절에, "아버지를 쏙 빼구나"라든가, "어머, 어머니를 닮았네" 같은 말을 들으면 분명히 기분이 좋았을 게 틀림없다. 아직 아기가 어떻게 태어나는지에 대해 모르는 시기에는 그것이 자신이 부모의 자식이라는 증거라고 생각하기 때문에 어딘가에서 주워온 것이 아닐까 하는 불안이 가라앉는다. 반대로 "넌, 누구도 안 닮았는데" 같은 말을 들으면 매우 불안해져서 어쩔 줄을 모른다.

그런데 지금은 어떨까.

"넌, 아버지 모습 그대로구나"

하는 말을 들었을 때 어떤 기분이 들까. 아버지의 좋은 점을 인정은 하지만 마음에 들지 않는 부분도 있다. 그저 닮았다는 말을 듣는 것뿐이라면, 참을 수 없이 싫다고 생각한 부분까지도 자신의 안에 있다는 말과 마찬가지다. 쑥스러운 기분이, 싫다는 감정이 들 것이라고 생각한다. 게다가 아버지한테 아주 훌륭한 부분이 있고 자신에게도 같은 재능이 있다고 하자. 그러면 사람들은, "부모님한테 물려받았네" 하고 쉽게 말한다. 가령 재능이 있다는 말을 듣는다 해도 그것은 물려준 부모가 칭찬을 받는 것과 같다. 칭찬하려면 자신의 재능으로 인정해 칭찬해주기를 바란다.

그렇기 때문에 직업 부분에서 부모의 뒤를 잇는 것은 내키지 않는다. 뭔가 조금이라도 다른 것을 하고 싶다. 자신의 힘만으로 하고 싶다. 부모의 도움을 받아 성공했다는 말 같은 건 듣지 않을 수 있도록. 그런 마음이 항상 작동한다.

하지만 이런 자아의 확립이란 것은 상당히 어려운 일이다. 진정으로 그것이 가능한 사람이 오히려 적을 정도이다. 종교에 의지하는 사람도 있다. 직장 상사에게 의지하는 사람도 있다. 여자아이의 경우는 결혼해서 자신의 남편을 의지하기도 한다. 여자는 장래 어떤 사람과 결혼할 거냐는 질문을 받으면 의지할 수 있는 사람이라는 대답을 많이 한다. 여러분도 그런 대답을 많이 들었을 것이다. 여자아이가 결혼의 상대로 자신보다도 연상의 남자를 고르려 하는 것은 아버지 이외에 자신이 의지할 수 있는 사람을 찾고 싶다는 마음이 있기 때문이다. 여자아이는 남자아이에 비해 사춘기의 반항이 심하지 않고 그 때문에 진정한 자아를 확립하지 못하는 경우가 많다.

남자는 여자보다 그 자아를 확립할 수 있기를 강하게 원한다. 결혼 상대로 어떤 여성을 생각하느냐는 질문을 받으면 여자아이처럼 의지할 수 있는 사람이라고 대답하는 경우는 없을 것이다.

극히 간략하게 아이에서 어른이 되기까지 어떤 식으로 마음이 만들어지는지 써왔다. 하지만 이 정도로는 너무 간략할지 모르겠다. 예를 들어 나는 부모 자식 간의 관계를 중심으로 설명했지만 형제에 관해서는 쓰지 않았다. 하지만 형제 관계 또한 커다란 의미가 있다.

형제와 우정

나는 인간의 내부에 있는 공격성을 이야기하면서, 형제는 사이좋게 지내는 게 자연스러운 것이라고 무턱대고 믿지 말라고 주의를 주었다. 형제는 서로가 가장 공격성을 드러내기 쉬운 상대이다. 부모 자식 사이에서 이 공격성이 드러나는 경우도 있지만, 부모는 뭐라 해도 아이가 의존하지 않으면 안 되는 상대이다. 따라서 의존과 반발을 되풀이하면서 연륜 비슷한 것이 만들어지고 그러면서 어른으로 자라나는 것이다. 그런데 형제는 그렇지 않다. 처음부터 경쟁 상대이고 계속해서 경쟁 상대로 지내지 않으면 안 된다.

『성서』를 읽어보면, 인류 최초의 살인죄는 동생을 죽인 카인이 저지른다. 생각해보면 아벨은 불쌍하다. 아무런 나쁜 짓을 하지 않았다. 나쁜 것은 두 형제를 평등하게 사랑하지 않은 신 쪽일 것이다. 자신에게 책임이 없는데도 자신이 신의 사랑을 받은 것 때문에 카인에게 미움을 받고 만다. 아벨은 어떻게 했어야 좋을지 알지 못했을 것이다. 신으로부터 명령 받은 것을 하지 않으면 신에게 꾸지람을 들을 것이고 신을 만족시키면 형인 카인에게 미움을 받는다. 아벨의 책임은 이 세상에 태어난 것에 있다고밖에는 말할 수 없다.

어린아이의 시기에는 새로 아기가 태어나는 것을 도저히 참을 수 없는 것으로 생각한다. 태어나기 전까지는 새로운 아기를 새 장난감을 기다리는 마음으로 기다린다. 그런데 태어나고 보니 이 장난감은 소중하게 다뤄지고 자신이 만질 수 있는 것이 아니다. 어머니도 이제 자신을 그다지 신경 써주지 않는다. 밉살맞은, 방해가 되는 녀석이 자신과 어머니 사이에 끼어들었다. 그런 식으로 느껴져 아기를 얄미운 존재로 생각하기 시작한다.

연상의 아이 입장에서는 동생은 자신에 대한 도전자가 되는 것이다. 이러한 질투와 증오는 본능적인 것이지만 그대로 내버려두면 카인과 아벨 같은 살상이 벌어져 인류는 멸망해 버렸을 것이다. 그래서 그 공격성에는 제동장치가 달려 있다. 나이 어린 것에, 작은 것에 대해 사랑스러운 마음이 이는 것은 그 공격성에 대한 제동장치이다. 천진난만한 얼굴, 단순하고 잘 믿는 태도, 그러한 것들이 우리가 분노를 발산하려 할 때 그것을 가라앉힌다.

"그 녀석은 아니꼽긴 하지만 얼굴을 보면 미워할 수가 없어."

이런 생각이나 말을 한 적은 여러분은 없을까.

유치하고 천진난만하다는 것은 이렇게 상대의 공격성을 다른 데로 돌리게 하는 데 무척이나 유용하다. 그리고 나이에 걸맞지 않게 어른스러우면 밉살스럽다는 말을 듣고 엄청난 손해를 본다. 그 이유는 이러한 이유 때문이다. 남동생이나 여동생을 훼방꾼으로 밉게 생각해도 그런 사실은 모른 채로 "형, 같이 놀아" 하는 동생의 말을 들으면 어느새 공격성은 가라앉아 버린다. 인간의 마음이 얼마나 정교한 장치로 이루어졌는지 놀라울 따름이다.

게다가 우리는 힘센 아이가 자신보다도 약한 아이를 괴롭히는 것을 보면 왠지 모르게 화가 나는 것을 느낀다. 그것은 어느 쪽이 옳은가의 문제가 아니다. 예를 들어 약한 아이가 나쁜 짓을 했고 거기에 대해 힘센 아이가 화를 내고 있는 경우도 있을 것이다. 하지만 약한 아이를 괴롭히는 것을 보는 것만으로도 우리는 도저히 그것을 받아들일 수 없다. 어째서 그런 감정이 생기는 것일까. 여러분도 이미 추측할 수 있으리라 생각한다. 그렇다. 그 공격성의 제동장치가 우리의 마음속에서 작동하기 시작했기 때문이다. 우리가 한 사람 한 사람 마음속 깊은 곳에 강한 공격성을 가지고 있으면서도 그다지 잔인한 마음을 가지지 않을 수 있는 것도 이 제동장치 덕분이다.

그러나 이 제동장치는 공격성이라고 하는 본능에 직접 작동하는 것으로, 점차로 무기가 진화해 멀리 떨어진 곳에서 사람을 죽이는 것이 가능해지면 전혀 작동하지 않게 되고 만다. 예를 들어 눈앞에서 두 손 모아 빌고 있는 사람은 좀처럼 죽일 수가 없는데, 멀리서 던지는 폭탄이라면, 눈으로 분간할 수 없다면 수많은 여자아이들까지 죽일 수도 있다. 인간이 진정으로 평화를 생각한다면 이런 인간의 마음속에 있는 공격성의 제동장치를 생각해볼 필요가 있을 것이다. 공격성을 인간에게서 없앨 수는 없지만 그 제동장치가 약해지지 않도록 궁리하는 것은 가능할 것이다.

형제 사이에는 이런 공격성에 기반한 다툼의 관계가 있다. 그러나 그것은 무의식 속에서 억눌러진다. 만약 그것이 인간에게 가능하지 않았다면 사회를 만들어낼 수는 없었을 것이다. 형제 사이에 있는 미움은 본능적인 것이라도 초자아는 그것을 용납하지 않는다. 반대로 나는 동생을 좋아하지 않으면 안 된다고 생각하게 만든다. 그리고 공격성이 무의식에 의해 억눌린 바탕 위에서 형제애라든가 우정이라는 감정이 모습을 나타낸다.

결국 인간의 우정이라든가 사교성이라고 불리는 성질이 유년기 형제의 관계를 출발점으로 하고 있다는 것을 알 수 있을 것이다. 우정이나 사교성은 인간이 자신의 본능적으로 갖고 있는 공격성을 억누르기 위해 강화되어 온 것이다. 예를 들어 두 사람이 공동의 적에게 자신들의 공격성을 드러내려 할 경우에 두 사람의 우정은 강해진다. 사춘기에 친구를 갖고 싶어지고 실제로도 친구가 많이 생기는 것은 왜 그럴까. 반항의 시기에 접어든 사춘기의 인간은 자신의 공격성을 자신이 의존하고 있는 부모라든가 권위라든가로 향하게 한다. 그래서 형제나 친구처럼 서로가 의존하거나 의존할 수 있는 존재가 되어주는 관계가 아닌 사람들과 밀접한 관계를 맺는다. 이러한 시기에 생긴 친구들은 각자 다시 자신의 길을 걸으며 뿔뿔이 흩어지게 된다. 같은 직장에서 일한다거나 같은 업종에서 경쟁한다거나 하면 공격성은 다시 서로를 향하게 되고 싸움이 일어나는 경우도 있다. 반대로 전혀 다른 방면으로 떨어져 버린 친구하고는 평생 평온한 교제가 가능해지게 된다.

외동인 사람은 사귀기 어렵다는 말을 곧잘 듣는다. 형제가 많을수록 친구도 많이 사귀는 게 보통인데, 물론 한 사람 한 사람이 타고난 사교성에 따라 다르지만 그러한 사실에서 이런 이유를 발견하는 것도 가능할 것이다.

사회의 인간관계에는 두 가지 축이 있다. 그중 하나는, 부모 자식 사이의 관계를 모사한 형태로, 종적인 유대이다. 명령과 복종이라든가, 권위와 의존이라든가, 위와 아래가 결합되어 하나의 질서를 만들고 있다. 그런데 형제의 관계를 축으로 한 또 한 가지의 인간관계가 있다. 그것은 평등이라든가 공평함 같은 것을 기반으로 한다. 아이는 부모에게 무엇을 가장 요구할까. 평등이나 공평함이 아닐까. 물론 여러분도 자신이 형제 중에서 부모님이 가장 마음에 들어 하는 사람이 되고 싶다는 생각이 마음속에 있다. 하지만 그것이 형제의 관계를 파괴해버리는 가장 중요한 원인이라는 것도 알고 있다. 만약 여러분이 부모님의 각별한 사랑을 받아 불평등하거나 불공평한 일이 벌어지면 여러분의 형제의 공격성은 여러분에게 향하게 된다. 거기에서 처절한 투쟁이 일어나고 만다. 그러므로 평등이나 공평함은 형제를 결합시키고 서로에게 공격성을 드러내지 않게 하는 조건이다. 이러한 훈련이 없는 외동은 사교성이나 우정을 갖기가 어려워 고통을 당한다.

그것과는 반대로 사회에서 공평함과 평등을 기반으로 한 인간관계, 그러니까 상하관계가 아닌 인간관계를 강하게 하고자 할 때 인간의 머릿속에는 무엇이 떠오를까. 형제의 이미지가 아닐까. 같은 나라의 인간을 동포라고 부르기도 한다는 것을 여러분은 알고 있다. 특정한 목적을 갖고 일을 하는 동료들 간에는, 서로를 "어이, 형님"이라든가 "어이, 동생" 하는 식으로 부르기도 한다. 의형제 관계를 맺는 경우도 있다. 사회주의 형제국, 이슬람 형제국 같은 말도 들어본 적이 있을 것이다.

그러한 관계의 밑바탕에는 무의식적으로 형제간에 만들어지는 감정이 가로놓여 있다. 강한 공격성과 그것을 억누르는 반대편의 억제의 구조, 그것을 높인 형태로 만들어진 평등과 공평함의 조건 같은 것이 간신히 균형을 유지하며 그 관계를 받쳐주고 있다. 그러나 그 균형은 간신히 평형을 잡고 있는 정도여서 아주 작은 사건으로 균형이 무너져도 그 공격성은 곧바로 격렬한 형태로 나타난다.

만약 모든 사람이 그러한 자신의 마음속에 있는 위험을 잘 알고 주의를 기울인다면 우리 사회는 평화를 유지할 수 있다. 그러나 유감스럽게도 현재의 인류는 아직 인간의 마음을 너무도 이해하지 못하고 있다. 특히 무의식 부분을 아는 것은 매우 용기가 필요한 일이고 어려운 일이기도 하다.

나는 지금까지 인간의 마음의 개략적인 구조에 대해 썼다. 하지만 이것으로 충분하지 않다는 것은 나 또한 알고 있다. 그러나 아직 그 마음의 구조가 극히 일부분밖에 알려지지 않았다는 것도 확실하다. 만약 여러분이 지금부터 그것에 대해 연구해보고자 하는 마음이 들었다면 아직 인간에게 알려지지 않은 미지의 세계는 얼마든지 펼쳐져 있다.

나의 일은 그 미지의 세계의 입구까지 여러분을 안내하는 것으로 끝내지 않으면 안 된다. 그 대신 여러분은 이제부터 마음이라는 대양처럼 거대한 미지의 세계에 대한 탐험을 계속하기를 바란다.

글을 마치며

　마음을 아는 것은, 우리들에게 중요한 일이지만, 그 중요한 일이 지금까지 좀처럼 이루어지지 않았다. 물론 그것을 못하게 한 원인도 우리 마음속에 있었다. 마음의 밑바닥을 들여다보려 한 용기 있는 탐험가들이 조금씩 나타나게 되었다. 하지만 그것만으로는 안 된다. 마음이란 건 모든 사람이 각각 지니고 있는 것이므로 각자가 그것을 알아가야 할 의무가 있다

　그런데 내가 이 책에서 쓴 것은 마음의 과학적 연구를 통해 획득한 지식의 아주 일부분에 지나지 않는다. 그리고 인간이 마음의 연구를 통해 얻은 지식도 마음에 관해 알지 않으면 안 되는 것의 극히 일부분에 지나지 않는다. 그와 비교하면 인간이 마음에 관해 잘못 알고 있는 것은 너무도 많다.

그것에 관해서 이 책에서는 그다지 설명하지 못했다. 그것은 나로서는 무척 유감스러운 일이다. 그래서 우리가 인간의 마음에 대해 잘못 알고 있는 것에 대해 몇 가지만 얘기해보겠다.

의지가 강하다, 의지가 약하다

우리는 흔히 어떤 사람을 보고 "저 사람은 의지가 강해"라든가 "저 사람은 의지가 약해"라고 말한다. 예를 들어 어떤 사람이 좀처럼 술을 끊지 못하고 있다. 술만 마시면 실수를 한다. 그래서 자신도 "끊겠다"고 몇 번이고 다른 사람한테 약속한다. 자신은 술을 끊을 마음이 있는 것이다 그런데 어째서, 어째서, 좀처럼 술을 끊지 못하는 걸까. 그런 사람을 보고서 우리는,

"의지가 약하군"

하고 말하면서 한숨을 쉰다. 그와는 반대로 자신이 끊겠다고 말하면 그 이후로 정말로 딱 술을 끊는 사람도 있다. 그런 사람을 보고는

"의지가 강하구나"

하고 우리는 감탄한다.

그런데 우리는 의지가 강하고 약한 것을 어떻게 알 수 있을까. 의지를 재는 척도나 저울 같은 게 있을까. 그런 것은 없다. 하지만 술을 끊지 못하는 것은 의지가 약하기 때문이고 술을 끊는 것은 의지가 강하기 때문이라고 생각한다. 그렇기 때문에,

"의지를 강하게 하고 열심히 하세요. 포기하지 마세요"

같은 말을 한다. 그러나 우리는 그 점에서 이상한 잘못을 범하고 있다. 우리는 술을 끊지 못하는 사람을 보고 의지가 약하다고 한다. 그것을 척도로 삼는다. 그리고 술을 끊은 사람을 보고 의지가 강하다고 한다. 그런데도 술을 끊지 못하는 것은 의지가 약한 결과다, 원인은 의지가 약한 것에 있다고 생각하는 것이다.

이것을 이해하기 쉽게 예를 들어보자. 가령 우리의 키를 잰다고 하자. 165센티미터의 높이에 봉을 가로로 놓는다. 그것보다도 키가 작은 사람은 키가 작은 사람, 큰 사람은 키가 큰 사람으로 구분한다. 그리고 키가 작은 사람은 그 봉에 닿지 않고 빠져나올 수 있다. 키가 큰 사람은 그 봉에 걸린다. 그것은 당연하다. 거기에서 우리는 왜 키가 작은 사람은 봉에 걸리지 않을까라는 질문에, "그것은, 키가 작기 때문이다"라고

대답한다. 그래서는 의미가 없다. 원인도 결과도 문제가 되지 않는다. 여러분도 참 어리석은 설명이라고 생각할 것이다.

의지의 강하고 약함은 이런 형태로밖에 문제되지 않고 있다. 따라서 술을 끊지 못하고 있을 때는 "의지가 약해 글렀다"는 말을 들은 사람이 어떻게 해서 술을 끊으면 "대단하네. 의지가 정말 강한 모양이야. 그렇게 좋아했던 술을 끊다니" 하는 말을 듣는다. 의지의 강도가 인간의 성질이라면 어제까지 약했던 것이 하루아침에 엄청나게 강해지는 것은, 마술도 아니고, 생각하기 어렵다. 확실히 잘못되었다는 것을 알 수 있다.

예를 들어 그런 경우에 마음을 좀 더 세심하게 관찰해보자. 구조를 생각하는 것이다. 술이 문제라면 이렇게 생각해보면 어떨까 한 사람 한 사람의 마음에 '마시고 싶다"고 하는 충동이 있다. 그런데 그런 충동만으로 인간은 움직여지지 않는다. "여러 가지 것들을 고려해보면 마시지 않는 편이 좋겠어" 하는 반대의 힘, 억제력이 작동한다. 그것이 천칭의 양쪽 접시에 각각 올려져 있다. 결과는 어느 쪽 힘이 이기느냐에 따라 정해진다. 억제력이 우리에게는 의지력으로 받아들여지는 것이다. 반대로 똑같은 억제력을 갖고 있다고 한다면 문제는 충동이 얼마나 큰가 하는 데 있다. 의지, 그러니까 억제력은 강한데 충동 쪽이 다른 사람보다 강하기 때문에 술을 끊지 못해서 의지가 약하다는 말을 듣는 사람도 있을 것이다. 그리고 그 충동도 그 안에 구조가 없는 것이 아니다.

이렇게 생각하면, 단순히 의지가 강하다거나 약하다고 말하는 것으로 만족해버리면 안 된다는 것을 알 수 있을 것이다.

지능 테스트의 지능

여러분과 관계가 깊은 마음의 문제로 지능 테스트가 있다. 이것으로 여러분은 지능을 측정해 그 결과를 보고 기뻐하거나 슬퍼하거나 한다.

그러나 여러분은 지능 테스트가 정말로 인간의 지능을 잰다고 생각하는가. 대략적으로는 그럴지도 모른다. 하지만 지능 테스트로 잴 수 없는 것이 있다는 것을 잊어서는 안 된다. 의지에 관한 대목에서 설명했듯이 테스트는 척도일 뿐 원인과 결과의 설명에는 전혀 쓸모가 없는 것이다. 지능 테스트의 점수가 낮은 것은 왜인가, 이유는 지능이 낮기 때문이다 같은 말을 진지한 얼굴로 하는 것은 매우 어리석은 일이다. 그것은 165센티미터 이하는 키가 작다고 정해놓고, 왜 165센티미터가 안 되는가라는 질문에 그것은 키가 작기 때문이라고 답하는 것과 완전히 똑같다.

우리는 인간의 능력 가운데 지혜에 관해서 어떻게든 재보고 싶다고 생각해 지혜의 범위를 좁혀 왔다. 처음에는 훨씬 간단한 척도로 지능을 쟀다. 하지만 그걸로는 충분하지 않은 것 같았다. 그래서 측정의 척도를 몇 개로 늘려보았다. 앞의 것보다 좀 더 정확해진 느낌이 든다. 하지만 우리가 지혜라고 생각하는 것은 아직 테스트를 통해 잴 수 없다.

원래 지능이란 어떠한 것인지, 그것을 눈으로 보는 것은 불가능하다. 하지만 여러 가지 척도로 재봐도, 아직 진짜 지혜를 정확히 잰 것이 아니라는 것만은 안다. 척도를 생각하는 것도 우리 인간의 지혜의 하나이다. 지능의 하나라고 할 수 있다. 따라서 여러분은 지능 테스트로 자신의 지능을 잴 수 있다고 생각하겠지만, 여러분이 오히려 지능 테스트의 정확성을 재는 셈이 되기도 한다.

가령 지능 테스트로 높은 점수를 받은 사람과 낮은 점수를 받은 사람이 있다. 그런데 낮은 점수를 받은 사람이 천재적인 발명이나 발견을 한다. 그때 체면을 구기는 것은 지능 테스트 쪽이다. 테스트에서 지능이 낮다는 말을 들은 인간 쪽이 아니다. 이런 사실은 생각해보면 바로 알 수 있을 것이다.

하지만 지금은 지능 테스트가 절대적인 것처럼 생각되고 있다. 그렇게 생각하는 사람이 오히려 많다. 그것은, 마음에 관해 모르는 사람이 많기 때문이다.

이러한 마음에 대한 잘못된 사고방식을 좀 더 설명하고 마음의 병에 대해서도 설명할 수 있었다면 좋았을 것이라는 생각이 든다. 하지만 너무 욕심을 부려도 어쩔 수 없을 것이다. 어찌됐든, 아무리 내가 해본다 한들, 마음에 관해 이것으로 충분하다고 말할 수 있을 정도로 여러분에게 설명하는 것은 불가능하기 때문이다.

하지만 여기까지 여러분이 읽고서 마음에 관해 왜 그동안 몰랐을까, 좀 더 공부를 하지 않으면 안 되겠군, 하고 생각해 준다면 나로서는 기쁠 것이다. 그리고 이제부터도 마음의 아직 알려지지 않은 세계를 여러 가지 방법으로 탐험해 보자는 마음을 가져주었으면 하는 게 나의 바람이다.

옮긴이의 말

　색깔도 형체도 없는 인간의 마음. 어디에 있는지도 알 수 없지만 우리의 일상 대화 속에서 마음이란 말은 얼마나 자연스럽게 많이 쓰이는가! "내 마음이야" "맘대로 해" "마음이 바뀌었어"… 우리는 이런 말들을 들으면 바로 그 말의 뜻을 알아듣는다. 마음이란 것을 우리는 본 적도 없고 어디에 있는지 잘 모르면서도 말이다. 이 책은 바로 그 '마음'이란 것의 정체가 뭔지 그리고 그것이 어떻게 이루어졌는지를 쉬운 이야기들을 통해 들여다본다.

　『마음을 들여다보면』은 일본에서 오랫동안 독자들의 사랑을 꾸준히 받아온 일종의 심리 입문서라 할 수 있다. 입문서라면 간략하게라도 심리학의 많은 항목들에 대해 설명하는 것이 일반적이겠지만 이 책은 독특하게도 귀신 이야기나 두려움, 도망, 냄새, 불결 같은 말들을 통해 자연스럽게 사람의 마음에 대해 이야기를 풀어나간다. 심리학의 전문 용어 같은 것은 거의 나오지 않는다. 게다가 심리학자들은 인간의 마음에 대해 작가들이나 평범한 사람들보다 오히려 더 무지할 수 있다고 경고한다. 마음은 누구나가 가지고 있는 것이기 때문에 자신의 마음을 알고 타인의 마음을 이해하려는 마음만 있으면 누구라도 학자 못지않게 인간의 마음에 대해 알 수 있다고 말한다. 인류학과 생물학, 그리고 민속학이나 속담에 이르기까지 저자가 편하고 쉽게 풀어놓는 이야기들을 하나하나 따라가다 보면 자연스럽게 인간의 마음이란 게 어떤 것인지 서서히 떠오른다.

아마도 심리 입문서로서 이 책의 가장 독특하면서도 핵심적인 내용은 오랜 생물 진화의 역사를 통해 인간의 마음도 형성되어 왔다는 사실을 강조한 데 있을 것이다. 인간도 오랜 진화의 과정 속에서 다른 동물들과 마찬가지로 자연 속에서 개체 보존 본능에 따라 행동해 왔다. 하지만 인간은 다른 동물들과 달리 고도로 발달된 사회라는 구조를 만들어서 자연의 지배에서 벗어나 그것을 극복했다. 그럼에도 시간적으로 훨씬 오래 쌓인 개체 보존 본능은 인간의 가장 깊숙하고도 강력한 충동으로 남아 있다. 그런 충동은 사회의 강제를 통해 억제되고 '양심'의 목소리에 따라 자기 스스로도 제어하게 되었지만 그런 충동이 모든 인간들에게 남아 있다는 사실은 변함이 없다. 가령 전봇대에 오줌을 갈기는 개나 나무 위에서 아름다운 목소리로 우는 새들의 영역 주장 행동이 우리의 마음속 깊은 곳에 여전히 자리 잡고 있지만 사회가 강제하는 규칙에 의해 인간의 마음은 복잡하게 반응할 수밖에 없게 된다. 자연과 사회가 요구하는 행동이 차이가 있기 때문에 인간은 그 딜레마에서 쉽게 벗어날 수 없고 그것이 유발하는 스트레스는 정신적인 질환을 유발하는 주요한 원인이다.

우리가 심리학에 관심을 가지는 이유는 타인의 마음을 '읽을' 수 있지 않을까 하는 은밀한 욕망 때문이 아닐까. 마치 다른 사람들의 프라이버시를 얼마든지 꿰뚫어볼 수 있을 것 같은 능력을 아이언맨처럼 장착하기 위해서 말이다. 하지만 저자는 심리학이란 것은 결국 인간이라는 존재가 어떤 존재인지를 안다는 것에 의미가 있다고 말한다. 인간의 복잡다단한 심리는 모든 사람들의 마음은 다른 게 아닌가 하는 생각을 하게 만들 수 있다. 그래서 우리는 어떤 사람의 어떤 행동에 대해 '이해할 수 없다'거나 '저 사람은 우리처럼 정상이 아니'라고 쉽게 생각하고 스스로를 납득시킨다. 하지만 서로 다르게 보이는 사람들의 마음을 한 꺼풀만 벗겨보면 결국 모든 사람들의 마음속에는 같은 요소가 상당히 많이 있다. 쉽게 정상과 비정상의 구분을 내리고 비정상에 대한 이해를 포기하는 것은 인간이 어떤 존재인가에 대한 이해를 포기하는 것과도 같을 것이다. 인간은 육체적으로도 약한 존재이지만 정신적으로도 매우 취약한 존재이다. 정상처럼 보이던 사람도 본인이 감당할 수 없을 정도의 충격을 받으면 쉽게 마음이 무너진다. 정상과 비정상이라는 건 실은 백지 한 장 차이에 지나지 않는다.

모든 학문이 그렇듯이 심리학 또한 세계와 인간에 대한 진실을 탐구한다. 심리학은 나아가 더 좋은 세상을 위한 기본적인 지식을 줄 수도 있다. 인간의 마음의 불완전함에 대해 잘 알지 못하면 어떠한 생활이나 제도의 개선이나 전쟁 방지 같은 노력도 그리 효과를 거두기가 어두울 것이다.

저자인 나다 이나다는 여러모로 재미있는 사람이다. 집안이 의사 집안이어서 가기 싫은 의대를 어쩔 수 없이 갔으나 청개구리처럼 정신과를 전공으로 선택했다. 그리고 대학 시절 익힌 프랑스어 실력이 뛰어나 국비 장학생으로 프랑스로 유학까지 가게 되었고 집안의 반대를 무릅쓰고서 프랑스 여자랑 결혼해 귀국했다. 의사이면서 일본 최고 권위의 문학상 아쿠타가와상 후보에 가장 많이 오른 작가이기도 하고 노년에 들어서는 인터넷에서 '노인당'을 결성해 사이버민주주의에도 큰 족적을 남겼다. 부모님이 지어 주신 이름을 안 쓰고 나다 이나다라는 필명으로 활동했는데 그 뜻은 '없다, 아무것도 없다nada y nada'라는 스페인어에서 가져온 것이다. 알코올 중독자들이 주요 관심 대상이었는데 술을 절제하지 못하는 사람에 대한 이 책 속의 짧은 대목을 보면 인간에 대한 따뜻한 저자의 마음이 느껴지면서 쉽사리 남을 판단하고 평가하는 것을 경계하게 만든다. 얼핏 보면 진지해 보이지 않는 삶처럼 보이지만 저자 나다 이나다는 왕성한 필력으로 엄청나게 많은 지적 유산을 후세에 남겼고 마음이 아픈 많은 사람들을 상담해 주었다. 그런 만큼 그의 글은 전문가의 글처럼 딱딱하지 않고 유머러스하게 인간 심리라는 본질에 쉽게 다가간다.

저자가 누차 이야기하듯이 인간의 마음이라는 그 크기를 알 수 없이 거대한 미지의 영역을 이 짧은 책 한 권으로 다 파악하는 것은 무리일 것이다. 하지만 마음이라는, 어떤 의미에서는 세계보다도 우주보다도 더 큰 거대한 미지의 영역을 한번 탐험해볼까 하는 생각을 가진 사람들에게는 나다 이나다라는 재미있는 안내인이 인도하는 이 책이 절호의 길잡이 역할을 할 수 있지 않을까.

옮긴이 | 김석중

서울에서 태어났다. 연세대학교 철학과를 졸업했다. 출판계에서 편집과 기획 일을 하고 있다. 옮긴 책으로 『소년 시대』, 『야구 감독』, 『미식 예찬』, 『교양 노트』, 『유모아 극장』, 『이야기가 있는 사랑수첩』, 『리스타트 공부법』 등이 있다.

마음을 들여다보면

초판 1쇄 발행 2017년 4월 20일

지은이 나다 이나다
옮긴이 김석중

펴낸곳 서커스출판상회
주소 서울 마포구 월드컵북로 400 5층 24호(상암동, 문화콘텐츠센터)
전화번호 02-3153-1311
팩스 02-3153-1389
전자우편 rigolo@hanmail.net
출판등록 2015년 1월 2일(제2015-000002호)

ISBN 979-11-955687-7-2 03810